联结自然，在生活中成长

托班幼儿这样在环境中生长

上海市教育委员会教学研究室·编著

华东师范大学出版社
上海

图书在版编目(CIP)数据

联结自然,在生活中成长:托班幼儿这样在环境中生长/上海市教育委员会教学研究室编著. —上海:华东师范大学出版社,2021

(解码托班环境)

ISBN 978-7-5760-1886-8

Ⅰ.①联… Ⅱ.①上… Ⅲ.①学前教育-教学参考资料 Ⅳ.①G613

中国版本图书馆 CIP 数据核字(2021)第 131210 号

联结自然,在生活中成长
托班幼儿这样在环境中生长

编　　著	上海市教育委员会教学研究室
策划编辑	朱妙津
组稿编辑	朱妙津　蒋　将
责任编辑	胡瑞颖
责任校对	周凤智　时东明
装帧设计	冯逸珺
出版发行	华东师范大学出版社
社　　址	上海市中山北路 3663 号　邮编 200062
网　　址	www.ecnupress.com.cn
电　　话	021-60821666　行政传真 021-62572105
客服电话	021-62865537　门市(邮购)电话 021-62869887
地　　址	上海市中山北路 3663 号华东师范大学校内先锋路口
网　　店	http://hdsdcbs.tmall.com
印 刷 者	上海颛辉印刷厂有限公司
开　　本	787毫米×1092毫米　1/16
印　　张	11
字　　数	160 千字
版　　次	2022 年 9 月第一版
印　　次	2022 年 11 月第二次
书　　号	ISBN 978-7-5760-1886-8
定　　价	55.00 元
出 版 人	王　焰

(如发现本版图书有印订质量问题,请寄回本社客服中心调换或电话 021-62865537 联系)

主编　王　菁　蒋　静
编委　（按姓氏笔画排序）
　　　许　玭　许敏霞　杨　芳
　　　杨敏姬　汪　丽　金晓燕
　　　夏　旻　徐吉来　斯　菲

目 录

前言 / 1

第一章　创设安全开放的空间环境 / 1
故事：娃娃家，我的新家 / 1
故事：笑一笑，你是我的暖宝宝 / 6
故事：草地上的材料筐 / 10
教研案例：适应期户外活动空间布局及材料优化调整方法 / 14

第二章　悉心照料幼儿的日常生活 / 24
故事：从"你来"到"我爱"的洗手之旅 / 24
故事：给沙水玩具找个家 / 29
故事：我的一份邀请函　追随成长的收纳箱 / 34
教研案例：基于需求，营造愉悦有吸引力的点心环境 / 38

第三章　充分满足幼儿运动的需要 / 46
故事：钻钻爬爬 / 46
故事：和落叶树影做游戏 / 51
故事：玩小球 / 55
教研案例：基于观察，优化户外小草坪运动环境 / 58

第四章　环境让幼儿感到安全和被信任 / 70

故事：从"亲密袋"到"宝贝盒" / 70

故事：肉肉的入园焦虑 / 75

教研案例：让入托适应期幼儿获得安全感的人际环境 / 79

第五章　支持幼儿好奇与探索的兴趣 / 90

故事：欢乐水世界 / 90

故事：湾湾岛的故事 / 96

故事：有趣的光影游戏 / 100

教研案例：利用户外环境支持托班幼儿的主动探索 / 103

第六章　提供充分的机会让幼儿感受与表现 / 118

故事：在乐玩色彩中遇见你 / 118

故事：器皿交响乐 / 125

故事：色彩，原来来得如此简单 / 130

教研案例：以"器皿交响乐"为例，思考发声物的合理呈现方式 / 134

第七章　鼓励幼儿交流和运用语言 / 142

故事：读什么？不如读我们"自己"吧！ / 142

故事：我和大自然说说"悄悄话" / 148

教研案例：以"青青草地"为例，观察教师如何支持幼儿语言发展 / 154

前 言

《上海市托育服务工作三年行动计划(2020—2022年)》将"积极推动托幼一体化工作"写入总体目标。加快推进托幼服务事业从"幼有所育"向"幼有善育"提升,促进"最柔软的群体"健康成长,成为当前学前教育事业发展的重要工作。

《上海市0—3岁儿童发展指南(试行稿)》中指出:"为儿童提供丰富而温馨的环境与适宜的活动机会,给予积极的、能满足其需要的回应,至关重要。"脑科学的研究表明,0—3岁是发展强化大脑结构的重要时机,是婴幼儿身体、情感、社会、动作和认知能力发展最快的阶段。婴幼儿的遗传特质不同、家庭环境也各不相同,个体之间有着显著的差异,同时0—3岁婴幼儿又是按照自身规律发展的。因此,要支持每个婴幼儿在早期获得健康的发展,需要有责任感的成人既能了解0—3岁婴幼儿各阶段的月龄特点和一般发展规律,又能通过观察,提供适宜其发展的安全、健康、丰富的环境和条件支持。由此,项目组围绕"如何提供高质量的环境"这一问题开始了探索与实践。

本书遵循的理念

《联结自然,在生活中成长》一书主要围绕如何在机构内为2—3岁幼儿提供高质量的环境展开。在实践探索以及本书的形成过程中,我们着力将以下三个"有"体现在实践研究的全过程。

让婴幼儿"有"足够的机会与自然充分互动

早在1927年,陈鹤琴先生在《我们的主张》中就指出:"幼稚园"这个名词的意思本是一个花园,让小孩子在里面自由活动,随意游玩,吸收新鲜的空气,享受天然的美景。① 野外生活可以增加儿童的快乐,活泼儿童的精神,强健儿童的身体。② 婴幼儿对自然界的万物有着天然的亲近感,新鲜的空气、明媚的日光、野草闲花、风声鸟鸣,都能让婴幼儿感到好奇,保教人员也可以根据婴幼儿的兴趣随时与之开展有意义的互动。因此,只要是好天气,就应当多提供婴幼儿户外生活和游戏的机会,这既能弥补室内功用的限制,也能顺应其活泼好动的天性。

提供"有"安全感的环境、建立敏感的养育关系

2007年,美国儿童早期发展综合科学委员会在《从神经细胞到社会成员:儿童早期发展的科学》的研究报告中指出,"人类的关系和各种关系之间的相互影响是儿童健康发展的铺路石"[3]。在儿童早期,父母和其他固定照料者是这个时期环境影响的"活性要素"。[4] 当婴幼儿获得关爱和温暖的照顾,成人能够提供安全感,给予婴幼儿敏感的回应,并且鼓励其进行探索,在这样的环境中婴幼儿就能健康地发展和成长。成人和婴幼儿之间建立敏感的养育关系,是早期环境中最重要的部分,也是本书的核心要义。环境创设之初保教人员依据对婴幼儿身心发展特点的了解,但之后则需要敏感地捕捉婴幼儿在与周围的环境材料互动中出现的行为表现,在综合对其家庭背景、发展情况、个性特点分析基础上做出环境调整。这里不仅包括婴幼儿与物理环境之间的关系,更重要的是婴幼儿与成人及同伴之间的互动关系。

相信婴幼儿是"有"能力的、主动的学习者

人的学习从出生开始贯穿一生,只是不同阶段的学习内容与方式是不同的。人从出生那一刻起,开始主动适应母体外的环境。他们主动发展与周围世界的关系并积极探索环境,在日常生活和游戏中、在与周围人和物的互动中习得经验,成

---

① 陈鹤琴.陈鹤琴教育文集(下卷)[M].北京市教育科学研究所,编.北京:北京出版社,1985:17.
② 陈鹤琴.陈鹤琴教育文集(下卷)[M].北京市教育科学研究所,编.北京:北京出版社,1985:17.
③ 杰克·肖可夫,黛博拉·菲利普斯.从神经细胞到社会成员:儿童早期发展的科学[M].方俊明,李伟亚,译.南京:南京师范大学出版社,2017:3.
④ 杰克·肖可夫,黛博拉·菲利普斯.从神经细胞到社会成员:儿童早期发展的科学[M].方俊明,李伟亚,译.南京:南京师范大学出版社,2017:6.

为一个有能力的学习者。科学家们发现，丰富多彩的早期体验和经历影响着0—3岁婴幼儿的大脑发育，早期经验可以帮助婴幼儿调整大脑内的突触连接，在大脑中形成独特的思维方式，使婴幼儿的发展达到可能的最佳水平。高质量的环境能为儿童提供有益的早期经验。

本书涉及的专业术语

本书将从刚出生到3岁的儿童统称为儿童或婴幼儿、孩子，其中0—1岁的儿童称为婴儿，1—2岁的儿童称为婴幼儿，2—3岁的儿童称为幼儿，这与《上海市0—3岁儿童发展指南（试行稿）》对年龄段的表述一致。同时，本书研究的儿童范围主要是进入机构的托班幼儿。

本书将幼儿所在的机构统称为托幼机构，以兼顾本书可能的使用对象来自于幼儿园托班或托育机构的教养人员。

本书将托班幼儿所在的室内班级活动场所称为"活动室"，没有采用"教室"这一表述，试图强调其有别于中小学的室内活动环境，也有别于幼儿园的"专用活动室"。对托班幼儿来说，室内外都是他们可以充分自由活动的场所。

本书的结构

本书正文分为七个章节。分别从空间布局、生活环境、运动环境、人际环境、探索环境、艺术环境和语言环境等七个方面提供了一日生活中保教人员如何基于观察，创设并调整环境和材料，以支持幼儿持续发展的故事。呈现的一系列图片，既能帮助读者尝试以观察者的身份参与对幼儿行为的分析，也能为读者提供创设环境的直观素材。同时，呈现了实验区和实验园开展托班环境方面的主题教研活动所形成的优质经验、优秀案例，为读者后续开展此专业领域的深入研究提供参考。

本书由王菁、蒋静主编，汪丽、金晓燕、斯菲、杨敏姬、徐吉来、杨芳、许敏霞、夏旻、蒋静、苏艳、许玭组稿，本书由王菁策划并统稿。

致谢

　　本项目受上海市教育委员会委托,由上海市教育委员会教学研究室组建团队开展研究。本项目由王菁主持。项目立项及整个研究过程,得到了上海市教育委员会托幼工作处、上海市教委教研室各位领导的大力支持与指导。何幼华、黄琼、华爱华、郭宗莉、胡育、何敏老师为项目研究及全书的形成提供了宝贵的建议。本市的宝山区区直机关幼儿园、长宁区实验幼儿园、普陀区早期教育指导中心、徐汇区紫薇实验幼儿园、中国福利会幼儿园、中国福利会托儿所、静安区延长路东部幼儿园(静安区早期教育指导研究中心)、静安区汾西路幼儿园、静安区彭浦实验幼儿园、静安区大宁国际第四幼儿园、松江区方塔幼儿园、松江区佘山第二幼儿园、虹口区婴幼儿早期教育指导中心等13家单位参与了实践研究,并为本书提供了大量案例和实践素材,在此一并感谢。

第一章

创设安全开放的空间环境

故事：娃娃家，我的新家
——托班娃娃家空间布局的调整

故事时间： 2019 年 9 月—2020 年 1 月

故事地点： 上海市普陀区早期教育指导中心甜甜班娃娃家

故事作者： 上海市普陀区早期教育指导中心　程丽华、汪丽

故事背景：

新学期开始了，我们为刚入园的孩子们创设了开放式游戏环境（图 1-1），发现孩子们最常去的是摆放娃娃家材料的区域。

图 1-1　娃娃家环境创设

于是，我们增添了几件小家具，扩大娃娃家的活动空间，将孩子们的全家福作为背景墙放在娃娃家活动空间的中心位置，在沙发和小床边放置了圆顶的帐子，整个娃娃家更温馨了，家的格局也更立体了。

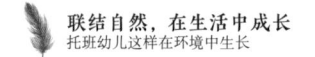

调整后的娃娃家空间布局孩子们会喜欢吗？会引发哪些游戏行为呢？

故事内容：

镜头一：帐子下面好多人

观察：

游戏开始了，不少孩子们喜欢在娃娃家的沙发上抱着娃娃坐一会儿，他们把头贴近娃娃的身体，抱起娃娃认真端详，抚摸娃娃的五官，轻轻拍拍娃娃，还和娃娃呢喃说话……帐子下的沙发成了热门的小空间：越来越多的孩子坐到帐子下开始摆弄材料，小小的空间挤满了"爸爸妈妈"。

萱萱和小齐没有去橱柜里拿取食物和餐具，而是站在桌子前直接用手拿取放在桌上的食物喂娃娃吃饭。

放置洗衣机的小角落，却一直无人问津。

分析：

娃娃家唤醒了孩子们熟悉的家庭生活记忆，有效缓解了孩子们的焦虑情绪。半透明帐子和小沙发组成的私密小空间更是吸引着孩子们，自然出现了拥挤。3岁前的孩子主要和他们一眼能看到的环境材料产生互动，而放置在橱柜下方的"食物"和餐具，摆放的位置不显眼，孩子们一般不会关注到。因此，出现了萱萱和小齐徒手抓起现成的"食物"直接喂娃娃的行为。

桌边的红色小椅子有点重，孩子们使用费劲，这使他们自然回避使用。

可能孩子们对洗衣机的已有经验不太丰富，所以关注度不高。

回应：

根据孩子们的游戏状态，我们又对娃娃家的空间布局进行了调整：将沙发和娃娃小床分开摆放，用两个橱柜隔出一个"卧室"小空间，并增加娃娃小床及冲调奶粉的材料。

用地毯和桌布，提升温馨感。在娃娃家增添分类架，把原先放在橱柜下方的食物和餐具分类摆放在显眼的分类架上，便于他们选用。

用翻盖式废纸篓改制成可以手动旋转的洗衣机，增加趣味性和可操作性，并且添置了晾衣架。

将较为沉重的桌边椅换成孩子们日常使用的塑料椅。

梳妆台上添置了小电话机和手机,满足孩子们"和亲人说说话"的情感需求。

当然,同时调整的还有我们的好心态和细心观察下的适度支持:给予孩子们更多时间熟悉空间环境。(图1-2)

图1-2　第一次调整后的娃娃家环境创设

镜头二:"挤"出来的空间

观察:

三四个孩子在"卧室"反反复复地"冲调奶粉"、吹凉后"喂"娃娃;川川、毛豆和胜胜几个男孩特别钟爱"手动洗衣机",他们塞衣服—转动滚筒—取出衣服—晾晒,一次次地重复……沉浸在洗衣的乐趣中。

子涵从分类架上取了"馄饨"走到圆桌边,放进大锅子里,用勺搅拌;小夷拿了好多"菜"放在盘子里端到桌上倒腾。"唰唰唰"的声音吸引了更多孩子,大家都挤到桌边,桌上的饭菜碗碟越来越多。一旁洗衣服的川川说道:"你挤到我了。"(图1-3)

图1-3　拥挤的餐桌

分析：

环境布局的变化给孩子们带来了新鲜感，在新隔出的卧室小空间里孩子们可以摆弄熟悉的冲调奶粉游戏。内容更丰富的洗衣区、食物架和塑料椅的调整，引发了孩子们自主游戏的行为。按家庭场景分隔娃娃家空间，让孩子们对空间的功能和玩具的分类摆放建立起初步的感知。但同时也出现了新的问题。

扩大的洗衣区离桌子更近了，由于都是"热门区域"，这两块区域容易发生拥挤。孩子们喜欢直接在圆桌上"做饭"，一张桌子显然无法满足多个孩子同时操作的需要。

怎样将有限空间释放出更多供孩子操作摆弄的环境？如何协调重新布局餐桌和洗衣区呢？

回应：

用沙发和箱子做隔断，划分出装扮区，利用箱子的一个侧面制作了有趣的装扮娃娃游戏，增加了装扮互动内容，减少争抢冲突。

将电话机放置在箱子上，和梳妆台分开使用。

分类架换了方向，移到了橱柜的旁边，缩短直线距离，引发孩子更多的自发游戏。

洗衣机换个方向：面朝外，晾衣架也往外扩充成为单独的"阳台"游戏区域。（图1-4）

图1-4 第二次调整后的娃娃家环境

启示：

- **创设幼儿熟悉、类似家庭生活场景的娃娃家空间布局**

托班娃娃家是幼儿稳定情绪、获得安全感、模仿成人家庭生活行为、促进社会性交往、激发探索欲望的"好地方"。类似家庭的熟悉生活场景布局，能帮助幼儿唤醒更多家庭生活的记忆，自然产生更丰富的游戏行为。针对刚入园的幼儿，最初的娃娃家布局简单、材料放置直观，让幼儿们"有物可玩"以缓解他们的焦虑感。随着幼儿逐渐适应集体环境，在娃娃家环境布局中一方面体现家庭的温馨，另一方面凸显娃娃家的功能，帮助幼儿们感知空间功能和玩具材料之间的关系。

- **创设满足不同发展阶段幼儿对娃娃家游戏需要的空间布局**

如适应期，娃娃家空间可整体联通，在大空间里利用沙发、茶几及地毯，将材料一目了然地呈现在空间中，用帐篷（透明浴帘）营造出隐隐约约的隐秘小空间，在一个区域里让幼儿获得大小不同的空间感受带来的乐趣。随着幼儿对空间环境的适应及生活经验拓展，通过调整材料赋予空间新的功能，在空间隐藏更丰富的关联，引发幼儿与环境产生更多互动，建立多元经验。

- **创设兼顾功能性与舒适性的空间区域布局**

在空间创设中，需要在观察的基础上调整区域空间，如拓展立体空间：充分利用墙面、角落、空中悬挂、橱柜、桌、箱及地面的延伸，高效利用和挖掘空间功能；通过家具的合理摆放形成隔断，变化家具方位提高使用的舒适度；采用不同围合方式改变常见建筑空间，增加情境性，增添趣味性。

故事：笑一笑，你是我的暖宝宝
——营造师幼共处的温暖环境

故事时间： 2019年9月—10月（适应期）

故事地点： 上海市普陀区早期教育指导中心宝宝班活动室

故事作者： 上海市普陀区早期教育指导中心　陈慧珏、汪丽

故事背景：

宝宝班室内活动空间是开放式的（图1-5），每个区域之间没有明显的隔断，将更多的空间留给孩子，便于孩子们自由走动。教师在玩具柜的一边竖起一排安全镜，并且在木质积木的一面贴上每个孩子的照片，成了每个孩子的"专属积木"。

图1-5　宝宝班孩子的专属积木

孩子们大多来自于原来的亲子班，对环境比较熟悉，没有出现明显的分离焦虑。一早来园，孩子们自由选择喜欢的区域，有的涂鸦，有的坐在地毯上垒高积木，有的坐在小沙发上看同伴游戏……

故事内容：

镜头一：找到"我"咯

观察：

一天，小鱼儿来到玩具柜前，一会儿靠近一会儿远离，歪着头对镜子里的自己看了又看，开始和镜子里的自己玩起了游戏。过了几分钟，她拉开放有积木的抽

屉,埋头翻找了一会儿,找到自己的"专属积木",笑眯眯地看着自己的照片。她抬头看见了边上的玄玄,又低下头在抽屉里翻找。不一会儿,小鱼儿笑着递给玄玄一块积木,玄玄接过后也笑了:原来小鱼儿找的是玄玄的"专属积木"。接着两人便开始从抽屉里把所有贴有孩子照片的积木都找了出来,并排起队来,不一会儿一条长长的队伍就排好了。(图1-6)

不久,"专属积木"就成了最受孩子们欢迎的区域,每天都有人去搭积木造房子,房子里的"住客"越来越多,房子的造型也各不相同。一天玥玥高兴地告诉我,房子里住的都是她的好朋友,我激动地回应她:"哇!陈老师好羡慕啊,下次也要住进玥玥的彩色房子。"

图1-6 用照片积木建构

分析:

在积木上贴孩子们的照片,让简单的彩色积木变成他们的"专属积木",找找"我"的小积木,成了孩子们每天的"打卡"项目。小小的照片不仅增加了孩子们的游戏乐趣,也让离开父母初入集体生活的孩子们在游戏中找到了归属感。

老师在桌面加上镜子,让孩子在与积木互动的同时透过镜子和自己互动,观察自己的表情变化。对于适应期的托班孩子来说,活动室里的孩子照片和镜子里的自己都可以让他们感受到"自我存在"的亲切感,获得对集体环境的安全信任感,减缓分离焦虑的情绪。

回应:

过了几天,我们悄悄加入两块老师的"专属积木"。天天在游戏时发现多了老师的"专属积木",他拿着积木开心叫:"是陈老师!"这个新发现引起了一旁乐乐的注意,两人开始在抽屉里翻找起来。不一会儿又找到张老师的"专属积木"。我走过去拿起我的"专属积木"放在天天的积木边,说:"陈老师住在天天的旁边。"接着乐乐拿起自己的积木放到了我们的旁边,又开始寻找其他积木,这天,彩色积木房子里住进许多人,热闹极了!

镜头二:我们都是可爱的笑脸宝宝哦

观察:

一次和孩子们聊天,我问"笑脸宝宝在哪里啊?"迎接我们的是一张张灿烂的笑脸。于是在阳光明媚的走廊上,我们用相机留住了这些纯真的笑容,并把这些照片布置在墙壁上、小舞台背景上,让孩子们沉浸在自己和同伴、老师的笑脸中。

分析:

开学前家长为孩子们准备的一寸证件照,被当作标签贴来使用。但证件照上孩子的表情大都比较严肃,没有笑容,缺少感染力。老师用相机留下孩子们愉快情绪的瞬间,和老师的笑脸照片一起被放置在班级环境中,笑脸感染着孩子们,稳定了孩子们的情绪,也有助于拉近孩子与老师间的距离,帮助老师与孩子建立情感纽带。

回应:

老师利用一日生活中的各种时机,引发孩子们对笑脸照片的关注,分享每个孩子的快乐瞬间。时间一长,每天都会有孩子指着照片上的自己,自豪地告诉老师和同伴——那是"我"。(图1-7)

图1-7 与照片墙的互动

渐渐地,孩子们不仅指认自己的照片,还会指认、寻找同伴的照片,这些感染力十足的照片不仅安抚了孩子们的情绪、增加了他们的安全感,也满足了他们自我认知的需要，进一步萌发了与同伴交往的意愿。

启示：

- **营造幼儿和教师共同拥有的空间环境氛围**

在托班活动室中最有效的视觉符号就是幼儿自己的照片。简单直接又有吸引力，能有效帮助他们很快找到属于自己的物品。照片可以帮助我们记录生活中美好的瞬间，将幼儿、教师的照片融入到日常环境中，随时可见、随手可拿。幼儿在环境中自然地感受到教师和他们在一起，同属于这个环境，是他们亲密的伙伴。一起生活一起玩，通过这种亲密关系的建立，让离开家长陪伴的孩子们情绪逐渐安稳下来，继而开始关注身边的人和事，帮助他们更好地适应集体生活。

- **营造充满教师温暖的空间环境氛围**

教师是集体环境中的重要成员，将教师带来的物品与幼儿的物品共同归入日常生活，让幼儿在感知体验中自然产生与教师之间的亲密感。在物品的选择上，教师照片和幼儿熟悉的教师常用物品，如围巾、包包、集体生活相册、手工作品等都是非常好的选择。将这些物品投放到环境中，让幼儿能看到、接触到这些物品，与之产生互动，增进与教师之间的安全依恋关系。

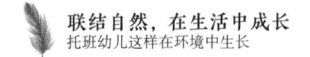

故事：草地上的材料筐
——材料筐摆放方式的变化

故事时间： 2018年9月—2019年6月

故事地点： 户外活动场地

故事作者： 上海市静安区早期教育指导研究中心/延长路东部幼儿园　钟霄雁
　　　　　　　上海市普陀区早期教育指导中心　汪丽

故事背景：

比起室内空间的小天地，宽敞的户外环境更能让刚入园的托班孩子展开笑颜。大草坪上茂盛的绿草，水池边的鹅卵石，错落排开的小木桩，逼真的大白鹅，老师还给滑梯树屋披上了浅蓝色的纱帘，孩子们可以在草坪、山坡上奔跑玩耍。

大草坪被中间一条长长的小路分成两边：一边有大树、山坡、池塘、木屋，另一边有沙池和种植园。老师沿着草地和小路的边缘放了一排大大小小的材料筐，里面分别放了纱巾、纸巾筒、木片、夹子、小竹篮、瓶子、罐子、管子、石子等各种开放性材料，供孩子们拿取。

故事内容：

镜头一："一字形"摆放的材料筐

观察：

材料筐呈"一字形"摆开（图1-8），天天从材料筐里取了木质小碗，"咚、咚、咚、咚……"小碗里的小石子随着天天的跑动发出声响。旁边的轩轩也拿起一个透明的塑料瓶，摇了摇说"没有了、没有了"，他望了望一字排开的材料筐，手拿空瓶子站起身围着材料筐绕起了圈圈，好像在找些什么……

分析：

筐里都是孩子们熟悉的生活用品。起初，孩子们自由取放，把捡拾来的树叶、小石子装在碗里、瓶子里……装得满满的，乐此不疲。

图 1-8 材料筐被"一字形"摆开

但逐渐我们发现,材料"一字形"摆开,有的孩子总是取用前面五、六个筐里的物品,很少走到后面取材料。有的孩子拿着小篮子走来走去,可能是选择一下子太多了,孩子们拿起这个,又看看那个,最后篮子里还是空空的。有什么办法既能为孩子提供比较丰富的材料,又不过分干扰他们的选择呢?

回应:

我们发现根据大草坪的地理特点和周围环境,孩子们的游戏主要集中在三个区域。

我们商量决定打破材料筐"一字形"的摆放方式,尝试在大草坪上把材料筐摆放成"人字形",自然分隔成三个区域,将大空间划分成若干个较小的区域,或许能增加同伴间互动的机会(图 1-9)。

图 1-9 "人字形"摆放的材料筐

镜头二:"人字形"摆放的材料筐

观察:

在材料筐左面的区域,孩子们在大树边游戏:麟麟从材料筐里找了纸笔和画板,开始随意涂鸦;欢欢和小伊找了几个罐子和老师一起收集落叶,寻找小蚂蚁;妮妮和几个女孩子一起在两棵大树之间晾晒衣物。

在材料筐的右面区域,诚诚做起了"消防员",一连好几天诚诚最重要的任务就是取来水管,绕着木屋上上下下"灭火";甜甜披上纱巾甜甜地笑,"艾莎公主"在木屋下的纱幔中穿梭;边上的萌萌羡慕地飞奔到材料筐边上,挨个找纱巾……

摆放材料筐的中间分叉区域,教师与孩子们一同摆放了两个大大的纸箱,孩子们从材料筐里取来锅碗瓢盆,玩起了娃娃家。

晓畅拉着纸箱上的绳子,准备从小木屋出发,下坡时他被材料筐挡住了去路。晓畅停下,转身拉着纸箱回到小木屋边,再次折返下坡时又在材料筐前停了下来。晓畅放下绳子走开了。

分析:

摆成"人字形"的材料筐,自然形成了相对集中的游戏区域,增加了孩子们在游戏中的互动机会。可是,相比成人对稳定性空间的偏好,托班幼儿更倾向于在熟悉的空间中有灵活的调整。"人字形"的摆放方式虽然取用材料更方便了,但有时也阻碍了孩子们在户外更充分地自由走动。怎样摆放材料筐,既能方便孩子们自由选取材料,又能因地制宜,满足孩子们的个性化需要呢?

回应:

我邀请孩子们一同把材料筐移到了草坪边上,材料筐被摆成了"川字形",分别放置在草地的左右两边。材料按类别分成平行的三排,缩短了距离。每排放五、六个筐,并在当中留出孩子走动的空间:自然物,如树枝、木片、石子、松果、花瓣等放一排;各种容器,如罐子、瓶子、小碗、小杯子等放一排;日用品,如小衣服、毛巾、袜子等和娃娃放一排。"川字形"的摆放方式,更方便孩子们发现这些材料,

产生更丰富的互动。同时也保留了小山坡处较完整的空间,满足托班幼儿粗大动作发展的需要。(图1-10)

启示:

● **关注需求,持续支持幼儿与环境互动的热情**

教师可以因地制宜针对户外环境的特殊性及幼儿在该环境中游戏的兴

图1-10　材料筐摆成了"川字形"

趣和需要,不断作出调整。比如,户外环境中有着丰富的自然资源,除了我们看得见、摸得着的大树小虫、泥沙水石,还有光影、风、气味、温度等等。我们可以留心为幼儿准备适合的各种材料、大小高低不同的瓶、罐、盒、筐、袋、兜等容器,与幼儿共同收集他们感兴趣的材料,并与户外游戏中其他开放性材料一起,按大类别收纳摆放。同时,教师还需关注幼儿户外游戏时对空间环境及材料取放的动态需求,通过调整摆放方式,为幼儿的游戏提供便利,持续支持幼儿与环境互动的热情。

● **提供机会,鼓励幼儿参与空间布局的创建和调整**

幼儿使用空间和材料的方式常常超出教师的预期。即使是托班幼儿,他们也有权利、能力参与游戏空间的规划,并在主动参与中获得对环境的掌控感,建立自信。教师可以通过细致观察并提供机会支持幼儿的想法。比如,空间布局时,教师可以与幼儿一起将材料筐等放置到相应的区域;过程中,教师要允许幼儿调整材料的摆放位置,以满足游戏需要;结束后,鼓励幼儿一起参与收拾整理。幼儿在参与环境布局的过程中,对环境和材料愈加熟悉,就会更主动地与环境互动。

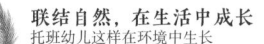

教研案例：

适应期户外活动空间布局及材料优化调整方法
——创建让幼儿平稳适应的户外活动环境

普陀区早期教育指导中心　汪丽　王世瑾

一、选题动因

(一) 现实背景与实际问题的简析

1. 围绕课程理念开展研究

我中心一直致力于"生态学理念的健康早教课程体系"的实践研究。在过程中，我们鼓励教师将生态学理念要素在一日生活的环境中体现出来，创设幼儿熟悉的、安全舒适又吸引各种感官的环境，提供幼儿发展必需的安全感和集体归属感，充分发挥"环境是幼儿第三任老师"的作用。坚持创设以自然生态为主导的户外环境，以求丰富幼儿自主探索体验、发展动作、感受力量及建立关系，促进身心和谐发展。强调增强微系统（家庭、早教中心），中间系统（家庭与早教中心、社区之间的联系或相互关系）的互动。通过分享和辨析环境创设案例、照片、视频等，促进教师专业成长。

2. 围绕实践问题开展研究

对于托班教师来说，每年都会面临托班幼儿在适应期和发展初期出现的紧张焦虑、被动、易退缩等典型行为表现。围绕如何创建缓解幼儿情绪压力的空间环境，教师们积累了一些经验。但之前研究较侧重于室内空间环境的创设与优化，随着对幼儿观察的深入，我们发现幼儿在户外时紧张情绪很容易舒缓，玩耍更主动。因此，适应期及发展初期如何拓展利用户外空间环境开展活动，帮助幼儿平稳适应，我们希望对此梳理出更清晰的实用方法。

(二) 教研活动主题的思考与确定

基于实践研究中现阶段的发现，我们围绕户外活动空间环境创建，有针对性地设计了教师问卷调查表,收集聚焦问题。共发放到二十六位托班教师,收集后将同类问题合并,留存九个问题,如,如何有序着手创建户外活动空间环境?适应期户外活动空间环境具有哪些独特性?如何充分利用户外空间环境引发适应期幼儿的游戏?如何打造室内外相连通的空间环境?从适应期到发展初期的户外活动空间布局如何顺应幼儿的发展需要?……

基于对教师问题的梳理分析,本阶段就以"创建让幼儿平稳适应的户外活动环境"为主题开展教研,我们根据三个园区户外基本环境的不同特点,开展深入的适应期及发展初期托班户外活动空间布局及材料优化的实践研究。

二、预期目标

1. 分析解读户外活动的空间布局案例,梳理形成让幼儿平稳适应的户外活动空间布局方法。

2. 积累实证研究中"让幼儿平稳适应的托班班级空间环境——适应期及发展初期托班户外活动布局及材料提供"案例,积累教师共享研修课程资源。

三、整体规划

参与主题教研活动策划、组织和实施的团队成员主要包括早教课程部课程监管领导小组成员、托班教研助理及教师。围绕本次主题教研活动的策划与实施等工作,团队规划、开展了一系列相关教研活动。

具体安排如下:

表1-1 教研活动安排

序号	活动内容与要点	活动层级	时间
1	明晰户外空间布局及材料优化对托班幼儿平稳适应的价值意义 (1) 户外活动对幼儿平稳适应的重要性 (2) 户外空间布局及材料优化对幼儿平稳适应的意义	园际教研	2019.8
2	了解现有户外空间布局下幼儿的游戏情况 (1) 现有户外空间布局特点 (2) 现阶段幼儿的适应表现与材料选择 (3) 现场绘制户外空间布局及材料摆放平面图	园级教研	2019.9

(续表1-1)

序号	活动内容与要点	活动层级	时间
3	探讨户外活动中观察的内容和方法,设计观察工具 (1) 户外活动空间布局及材料摆放实景图介绍 (2) 如何基于观察优化调整户外空间共同设计"户外空间环境中各活动区域观察记录表"	园级教研	2019.10
4	适应期户外活动空间布局及材料优化调整方法 (1) 记录分享"户外空间环境中各活动区域观察记录表" (2) 以故事《草地上的材料筐》为例,梳理户外活动空间布局及材料优化方法	园际教研	2019.10
5	适应期到发展期户外活动空间布局及材料优化调整方法 (1) 继续记录分享"户外空间环境中各活动区域观察记录表" (2) 以故事《我的娃娃家》为例,梳理户外活动空间布局及材料优化调整方法	园级教研	2019.11
6	从适应期到发展初期户外活动空间布局及材料优化调整方法 让幼儿平稳适应的户外活动空间布局及材料优化调整方法汇总	园际教研	2019.12

四、本次活动设计

(一) 目标与内容

本案例介绍的主题教研活动是这一系列活动中的第四次活动。

表1-2 第四次教研活动

活动主题	适应期户外活动空间布局及材料优化调整方法				
活动目标	1. 讨论总部户外环境中,如何优化调整空间布局及材料以支持幼儿平稳适应的方法 2. 通过现场户外活动空间布局平面图实操互动和分享交流,进一步拓展教师基于观察的空间调整能力				
活动时间	2019年10月20日	活动地点	普陀早教总部	学段/学科	学前教育
设计团队	中心主任、课程部主管、总部主任助理、总部托班教研助理				
参与对象	中心主任、课程部主管、总部主任助理、总部托班教师				

(二) 活动准备

1. 资料准备

(1) 教研活动告示单

(2) 教研活动反馈单

(3) 现场教研活动设计方案

(4) 故事：草地上的材料筐(见第一章第10页)

(5) 总部户外游戏空间环境(见右侧二维码)

(6) 户外空间环境中各活动区域材料观察记录表(表1-3)

(7) 户外活动空间环境平面图

总部户外游戏空间环境

表1-3 户外空间环境中各活动区域观察记录表

阶段_____ 观察对象_____ 观察记录者_____

空间及区域内容	观察时间	观察要点 (情绪状态、行为表现、材料使用、语言互动、特别行为等)	分析 (空间利用、材料内容及摆放等)	回应策略 (空间布局及材料的调整、互动方式等)
一号场地树林小屋	第一次			
	第二次			
	第三次……			

图1-11 豆豆班山坡草地区平面图

图1-12 球球班沙水区平面图

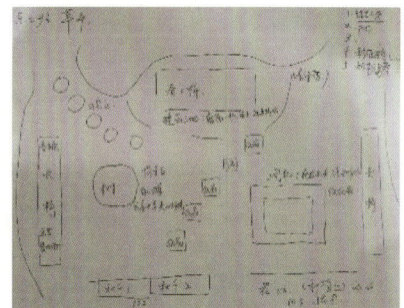

图1-13 乐乐班大型器具区平面图

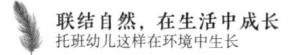

2. 经验准备

（1）每位教师事先自主阅读故事《草地上的材料筐》

（2）给予幼儿每天1小时以上户外活动时间保证，并进行观察记录

（3）基于各班《户外空间环境中各活动区域观察记录表》的记录，对幼儿在户外活动中材料使用情况有初步观察和优化调整的思考

3. 流程设计准备

（1）教研活动导入

上周我们开始增加幼儿户外活动时间，大家在观察的基础上完成了"户外空间环境中各活动区域观察记录表"（见表1-3）。

今天的教研，我们基于观察到的幼儿在户外空间中的活动情况，结合我们自主阅读的故事《草地上的材料筐》，一起来梳理适应期户外活动空间布局及材料优化调整的方法。

（2）展示研讨

① 从观察记录表中梳理适应期幼儿在户外活动的特点和需要。

② 故事"草地上的材料筐"的阅读启示。

③ 各班进行"户外活动空间布局及材料摆放"平面图的创建与思考

（3）梳理要点

① 各组逐一介绍。

② 适应期户外活动空间布局的优化调整方法。

（4）活动延伸

① 以豆豆班半日活动开放日为观察日，利用户外空间环境中各活动区域观察记录表，对当日户外活动中幼儿材料选择及摆放进行观察记录。

② 探讨有效利用秋季的自然元素，丰富户外活动环境的方法。

五、本次活动实施

（一）导入

上周我们开始逐渐增加了幼儿户外活动的时间，老师们在观察的基础上完成

第一章 创设安全开放的空间环境

表1-4 幼儿户外活动观察记录

观察时间	布局和材料	观察要点 （情绪状态、行为表现、材料使用、语言互动、特别行为等）	分析 （空间利用、材料内容及摆放等）	回应策略 （空间布局及材料的调整、互动方式等）
第一次	小屋、野餐垫、娃娃家（娃娃、锅碗瓢盆、仿真水果）等。	观察持续时间：20分钟 参与活动幼儿：10人 持续游戏5分钟及以上：2～3人 树林里的小屋子很吸引幼儿，房子的空间可以容纳几个小朋友游戏，但幼儿在屋子里游戏的时间不长，停留一两分钟就流走了。房子门口有一块野餐垫，很多幼儿在野餐垫上摆弄各种野餐具，用勺子喂娃娃、给娃娃吃水果。一大堆材料都摊在地上，野餐垫上显得拥挤。	● 小屋里没有任何操作材料来支持幼儿持续的游戏行为，除了摆弄窗户、进进出出，就无事可干了。 ● 与家庭一起收集的家庭材料很丰富，数量很多，幼儿往往会拿几个在手里，没有其他地方可以进行游戏，野餐垫、野餐垫上人多，材料多，造成了一团乱的现象。	● 在树林小屋里增添小桌子、娃娃等材料，幼儿在小屋里也可以摆弄、增添游戏兴趣。 ● 除了野餐垫，考虑再增添一套户外桌椅，有更多的空间场景可以让幼儿游戏，也能起到分流效果。 ● 在空间布局上，将小屋做"转向"处理，对着野餐垫方向，利用幼儿喜欢探出窗口的行为，增加幼儿与同伴互动的机会。
第二次	树林小屋内部布局调整、转向调整，增加户外桌椅。	观察持续时间：20分钟 参与活动幼儿：10人 持续游戏5分钟及以上：6～7人 调整后的树林小屋，幼儿更感兴趣了，出现了与娃娃互动的行为。户外桌子的投放，延续了幼儿游戏的时间长了。幼儿分散了野餐垫上的一部分幼儿。户自然地将锅碗瓢盆端到桌子上，不停地摆弄，造成拥挤现象。幼儿去材料筐里捡树叶装入瓶瓶罐罐中，并尝试摇动瓶子，听听声音。	● 材料筐里的材料灵敏与家庭一起逐渐添置的。根据近期应用材料的发展情况，现在种类多了一大筐，幼儿只用了两个大筐，数量也多了，幼儿随意拿、随意撒，造成了筐里的材料越来越少，要玩时收回的幼儿拿不到。 ● 秋天来了，一些枯叶开始掉落，细小物体敏感期的幼儿关注到了落下的器皿里，引发了捡落下的行为。	● 增加材料筐，并进行分类摆放，同时贴上相应的照片，引导幼儿自己拿、自放，逐渐养成归类整理的习惯。 ● 通过家园共育，让家长利用周末或日常家庭生活，和幼儿一起收集树叶、树枝，小果实等投放到材料中来，引发幼儿对季节变化及自然物的兴趣。
第三次				

19

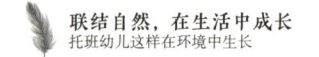

了"户外空间环境中各活动区域观察记录表"。今天的教研,我们基于观察到的幼儿户外活动情况,结合我们自主阅读的故事《草地上的材料筐》,一起讨论梳理。

(二) 展示研讨

1. 经验回顾,从观察记录表中梳理适应期幼儿在户外活动的特点和需求

教师A:户外活动能帮助适应期幼儿舒缓紧张情绪。每次到户外,孩子们的哭声就少了,"粘"在我身上的孩子也愿意下地了,紧紧拉着老师的手也放开了。我发现,起初幼儿对仿真材料的兴趣高于其他自然生活材料。

教师B:对于适应期幼儿,材料的摆放要紧贴该区域空间。他们对场地空间还处于熟悉阶段,选择和使用材料开展游戏的范围比较有限,大都就地取材直接玩,所以材料的摆放需要与空间环境匹配,如在山坡上我们提供了各种形状,尤其是圆形或球体的物品,很好地引发了幼儿利用山坡地形反复滚、推、拉等探索行为,幼儿对活动很有兴趣。

教师C:材料筐的标识很重要。适应期幼儿大都拿着材料玩到哪里就放到哪里。教师呈现的材料筐要有明显的标识,比如在材料筐外围贴上相应材料的照片等,便于引起幼儿注意,物归原处。

小结:托班适应期幼儿由于对环境感到陌生,基本会选择熟悉的材料,比如平时玩过的玩具、家里常见的生活用品,还喜欢选择娃娃、小动物等。选择材料后常常就地玩耍,各自为阵,活动范围也小。因此我们要尽量选择幼儿熟悉的、给幼儿温暖感受的玩具材料,材料筐摆放采用就近原则,便于幼儿取放。同时将材料拍成照片作为明显标识,便于幼儿收纳归类。之后,再根据幼儿游戏需要,逐步增加。

2. 故事《草地上的材料筐》阅读启示

(1) 故事中收集的材料有些什么类型?

教师A:故事案例中教师收集了大量的生活用品、自然材料。幼儿可选择的内容丰富,容易引发幼儿与材料之间的互动。

教师B:教师在材料收集中选用了大量开放性材料。像各种大小尺寸的纸盒,瓶瓶罐罐等盛器,铲子、刷子、漏勺等工具。这样的材料既满足了幼儿想象替

代的需要,又能唤醒幼儿的生活经验,并自然产生相应的游戏行为。同时,老师根据材料体积大小进行摆放,孩子可以一目了然、选择方便。

(2)故事中材料筐的呈现方式,给了大家什么启示?

教师C:教师呈现材料筐的方式从一字形到大字形再到川字形,是基于对幼儿游戏行为的充分观察。比如,川字形摆放方式,利于幼儿走动及观察材料,能诱发幼儿与不同材料互动的游戏行为,这对我们玩沙玩水区的材料筐摆放有很大启发。

(3)通过故事,并结合总部的户外活动环境,大家觉得我们在户外活动空间中摆放材料筐时要注意些什么?

教师D:户外区域空间布局要方便幼儿走动。目前我们的材料摆放方式不便于幼儿选择,容易局限幼儿间的互动。

教师E:一个区域里的材料,同种类物品数量要多,可以同时放在三、四个材料筐里,摆在区域的不同方位,便于幼儿选择。同时在材料整理时也便于幼儿清晰地看到材料筐,物归原处。

教师F:户外空间大,地形特点不同。在活动空间布局和材料摆放的过程中可以借助地形,形成三维的立体空间以利用。比如,在低矮的树枝上悬挂材料,在运动器械上放材料,利用墙边围栏陈列材料等,而不只是将材料放在地上的材料筐里。

小结:故事《草地上的材料筐》的阅读,让我们感受到户外游戏活动的开展,不仅需要大量的活动材料,材料摆放的方式也很重要。这点对于我们创设适应期的户外游戏活动空间环境也很有启发。适应期幼儿的情绪不太稳定,容易受周围环境影响,材料的呈现要便于幼儿观察选择;材料的摆放要便于幼儿游戏中行走,便于与周围环境互动。总之,无论是空间布局还是材料提供,都要基于观察,调整优化。

3. 各班进行"户外空间环境游戏活动材料摆放"平面图的初建与思考

(1)球球班:分享案例"沙水区"空间、材料初建与调整

(2)乐乐班:材料摆放平面图的操作互动和分享交流

球球班

乐乐班

（3）豆豆班：材料摆放平面图的操作互动和分享交流

豆豆班

小结：从刚才的案例分享和游戏场地平面图操作介绍中可以看出，大家都是依据户外场地特点进行空间布局和材料提供的，并在实践过程中根据幼儿的表现不断反思与调整，满足幼儿游戏和发展需要。充分体现了户外游戏活动中对空间环境和材料的思考。

需要强调一下，现在逐渐进入秋季，幼儿们穿着雨衣雨鞋玩水玩沙。在天气条件允许的情况下，还是希望能给幼儿更便捷的着装，与水和沙有更亲密的接触感受。另外，老师们也需要注意交流中的表述，如："便于观察照料"就比"便于管理"要合适，"活跃的幼儿"比"亢奋的幼儿"更合适。文字背后反映着教师如何看待儿童以及师幼的关系。

（三）教研总结

对于适应期幼儿，户外活动空间布局和材料优化调整上需要教师考虑——

1. 活动区域的范围与安全。

2. 尽量选择幼儿熟悉的、给幼儿温暖感受的玩具材料。

3. 材料筐摆放采用就近原则，提供明显标识，便于幼儿取放。

4. 材料摆放方式和提供什么材料同样重要，材料摆放应便于幼儿观察选择，便于幼儿行走，便于幼儿与周围环境互动。

六、反思与分享

（一）证据呈现

本次活动教师给予的评价：

1. 活动记录表的运用，让我们在分析适应期幼儿的户外活动特点与需求时有据可依，提高了分析的准确性。

2. 本次教研活动内容丰富，分析—学习—实践，让我们对适应期户外活动空间布局及材料提供有了更全面的认知。

3. 优秀案例的学习，让我们感受到在空间布局和材料提供中很多的细节内容。在自然生态环境下，我们给予幼儿充分的户外活动，增加幼儿与自然的互动，帮助幼儿与老师、同伴更自然地互动。

4. 本次教研活动通过"我"（球球班罗老师）的案例与大家分享这个机会，在撰写案例时自我梳理了自己和搭班老师在适应期户外活动环境创设过程中的思考，同时今天的教研中同伴的研讨也有助于我对后续游戏环境材料的进一步优化。

5. 作为一名新手教师，在本次教研活动中我收获了很多关于材料摆放的好方法，很受用。

（二）收获与共识

本次活动教师充分分享了基于实践过程的真实案例和基于观察的户外活动空间布局及材料优化调整研讨，形成了有益的方法。了解适应期幼儿在户外活动的行为特点，是教师对空间布局及材料调整优化的基础；优秀案例的学习让教师能从别人的有益经验中结合自己的创建调整进行对比思考；园本案例与实操，增强了教师对真实的户外空间环境创设的全局观和多元思维，体验了在活动过程中基于问题解决的材料再调整。

（三）问题与分析

活动观察记录表的使用对提高教师的观察、反思、调整能力起到了关键性作用，但目前尚处于初步尝试，教师观察描述的视野还比较表面，比较宽泛。户外活动还是起始阶段，随着幼儿的不断适应和季节的变化，幼儿在户外活动中对自然材料的变化运用一定会不断发展，需要教师不断跟进观察和优化调整。

（四）完善与推进

通过定区域定时段记录，提高教师对户外活动幼儿行为记录的聚焦，加强观察记录表使用的精准度；调整幼儿玩水着装，让幼儿更自由畅快地玩水；随着幼儿情绪稳定与对户外活动空间的熟悉及即将进入发展期，适度增添活动中的自然材料，引发幼儿更多的活动乐趣。

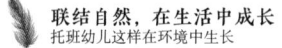

第二章

悉心照料幼儿的日常生活

故事：从"你来"到"我爱"的洗手之旅
——创设儿童视角的盥洗环境

故事时间： 2019 年 10 月

故事地点： 盥洗室

故事作者： 上海市静安区汾西路幼儿园　盛建娣

　　　　　　上海市徐汇区教育学院　金晓燕

故事背景：

托班的盥洗室光线明亮、色彩温馨。小巧的便池和水池旁，贴着引导幼儿正确站位的小脚丫。高度适宜的洗手台前，摆放着可爱又实用的小熊镜子，镜子上方布置着卡通简笔洗手步骤图。

故事内容：

镜头一：老师叫你来洗手

观察：

用点心前，九儿和熙芮来到盥洗室，直接走向小马桶。皓皓也走了进来，先来到洗手台边，对着小熊镜子晃了晃，然后走向小便池。九儿和熙芮小便后跟着老师来到洗手台边洗手，皓皓小便后拉上裤子就往外走，老师连忙叫住他："皓皓，过来洗手。"三名幼儿在老师的引导下开始洗手。（图 2-1）

图 2-1 贴有"卡通简笔洗手步骤图"的盥洗室

分析：

托班幼儿想要独立自主的愿望强烈，但由于年龄小，在家中成人包办代替较多，包括洗手等力所能及的事通常都由成人主导，因此，他们还没有形成主动洗手的意识和习惯。并且，洗手台前布置的"卡通简笔洗手步骤图"没能吸引幼儿的关注。多种因素导致了幼儿便后忘了洗手，直接离开盥洗室。

回应：

顺应幼儿。用爸爸妈妈洗手的照片替代"洗手步骤图"，增加环境与幼儿情感上的联结，通过观察爸爸妈妈洗手的照片，引导幼儿模仿成人主动洗手的行为。

镜头二：我学大人来洗手

观察：

霖霖和颐诺小便后主动来到洗手台前，霖霖指着镜子上方的照片说："这是我妈妈。"颐诺也指着一张照片说："我妈妈在家里洗手的。""看！"霖霖又指着另一张照片，"这是芹芹的妈妈。"……（图 2-2）

颐诺边拿肥皂边说："我家里也用这个香肥皂的。"霖霖说："我家用洗手液的。"铭奕也加入进来："我家里也用洗手液洗手的。"

图 2-2　贴有"爸爸妈妈洗手照片"的盥洗室

分析：

生活环境的创设应立足幼儿现阶段的情况，处于适应期的托班幼儿对集体生活还有些懵懂和畏惧，家人洗手的照片、熟悉的洗手用品更贴近幼儿的心理需要，让幼儿产生亲近感、安全感和归属感。

幼儿开始主动洗手了。在洗手过程中，幼儿与环境以及同伴的互动让洗手的过程变得有些缓慢，但我们理解这是幼儿对洗手环境的认同，是情感的释放，所以我们并不催促，而是循序渐进地引导。

回应：

自然渗透，过程引导。将父母洗手的照片逐渐替换成幼儿洗干净的小手的照片，增加他们的成功感和自信心。在盥洗室增添录音机，幼儿洗手时，循环播放短小的洗手儿歌，引导幼儿正确洗手。将儿歌通过幼儿园信息平台发布，供家长在家中指导幼儿正确洗手。

镜头三：小手洗干净啦

观察：

"手心搓一搓，手背搓一搓……"歆玥和同伴一起跟着儿歌有步骤地洗手，"打开水龙头，冲干净……"儿歌没念完，歆玥已经关上水龙头，甩甩手去拿毛巾了。"歆玥，看看手上，泡泡冲干净了吗？"老师走过去轻轻提醒，歆玥看了看自己的小手,又回来打开了水龙头。

分析：

生活习惯的养成是循环往复、循序渐进的过程。通过多时空、多维度的环境创设,幼儿对正确的洗手方法越来越熟悉,他们喜欢边念儿歌边洗手,但他们的动作协调性还不够,专注力也比较缺乏,因此手上肥皂泡洗不干净的情况会经常出现。

回应：

通过设置情景与幼儿互动,创设"毛巾小猪"的情景替代教师频繁提醒,幼儿在使用毛巾前,伸出小手让"毛巾小猪"闻一闻、看一看,在这个过程中幼儿会关注到自己的小手是否真的洗干净了,而"毛巾小猪"内置录音盒在感应到幼儿的小手时,会发出"小手真干净！""你真棒！"等语音,增加幼儿成功的心理体验。（图2-3）

图2-3 "毛巾小猪"环境创设

启示：

- **"养""教"相互融合**

养与教的关系。养和教之间是一个相互渗透、自然融合的过程。如,初入园的幼儿不愿意洗手,教师可在观察的基础上,依据幼儿现阶段的行为表现,动态提供直观形象的单幅标识,既给予规则提示,又提供了观察模仿学习的机会。又如,在洗手的过程中,播放朗朗上口的洗手儿歌,帮助托班幼儿了解洗手方法、感受语言节奏。潜移默化地在养育过程中渗透教育,不仅可以帮幼儿形成良好的自助能力,还可以促进幼儿各方面能力的发展。

- **家园携手共育**

家庭与幼儿园一样,是幼儿获取生活能力与经验的重要场所。家园一致的自助环境与机会,能有效地形成教育合力促进幼儿发展。如,以最亲近的家长为榜样示范的方式替代规则性较强的图示,提高幼儿模仿洗手的兴趣。又如,向家长推荐洗手儿歌,便于家庭中迁移运用。与此同时,教师还需做好与家长间的沟通,家园携手保持一致性和连贯性,共同关注幼儿习惯的养成。

故事：给沙水玩具找个家
——适宜的支持，让整理安全有序

故事时间： 2019 年 5 月

故事地点： 沙坑

故事作者： 上海市徐汇区紫薇实验幼儿园　何之瑾

　　　　　　上海市徐汇区教育学院　金晓燕

故事背景：

沙坑是幼儿最喜欢去的地方，他们喜欢使用各种玩沙小工具来挖沙，尤其在教师投放了可以运水的小水桶和喷壶后，沙水的结合让造型更为多变。于是"我们什么时候去沙坑玩啊？"变成了孩子们经常念叨的事情。但由于提供了较多操作工具和材料，随之而来的工具摆放与整理给幼儿添了不少"麻烦"。

故事内容：

镜头一：为沙水工具找个"家"

观察：

又到了玩沙后的整理时间，小云朵先把自己的水桶放到蓝色的筐里，随后又返回沙坑去捡拾还没有被"送回家"的小喷壶。"何老师何老师，喷壶的家在这里吗？"小云朵不确定地看着我。吴萧雅说："对的对的，我就是从这里拿的。""何老师，它们的家太挤了，我都放不下了。"小云朵皱着眉头对我说。"那你觉得可以有什么办法吗？"我问。"给它们换一个大一点的家吧。"小云朵回答道。

分析：

小云朵看到因为随意堆放而导致玩沙工具放不下时能主动寻求教师的帮助，并提出自己的想法。那么就试着追随幼儿的想法，提供多种收纳材料，让幼儿自己选择他们认为合适的，是否可行呢？

回应：

1. 安全多样的收纳材料，让幼儿探索发现。教师为幼儿提供了各种收纳材料，如箩筐、双层架子等材料，给予幼儿一定的时间，幼儿或许会根据周围的情景、所收纳玩具的大小，寻找最合适的收纳材料。

2. 直观形象的图示，让幼儿形成良好的生活习惯。在幼儿的建议下，教师将水桶的照片贴在了双层架子的第一层，将喷壶的照片贴在了第二层。在创设收纳水桶和喷壶的环境的过程中，教师适时地倾听和支持幼儿，调动了幼儿归类整理积极性，有效地促进了幼儿自主整理的意识。（图2-4）

图2-4 贴有"水桶""喷壶"标识的双层置物架

镜头二："家"里太挤啦

观察：

又到了玩沙后的整理时间了，同同随手把水桶放在了架子的第二层。小云朵看到了立马把水桶拿起来放到了架子的第一层，一边放一边说"水桶的家在这里"。这时嘟嘟和小土豆也过来放喷壶。小云朵叫了一声，只见她的小手牢牢地抓着喷壶放在架子的第二层上，屁股挤向旁边的嘟嘟和小土豆不让他们放喷壶。小云朵一边挤一边叫"太挤了，太挤了！"。

分析：

小云朵已经有了游戏结束后将玩具物归原处的意识，当发现同伴没有把玩具送回自己"家"时，会帮助他们把水桶送到相对应的"家中"。同时，这个年龄段的幼儿仍以自我为中心，因此会出现认知经验和具体行动之间产生矛盾的现象。如何在培养幼儿必要的规则意识的同时顺应幼儿的年龄特点呢？

回应：

1. 聊关于安全送玩具回家的话题，让幼儿习得简单的行为规则。班级是一个小集体，可以用照片或视频的方式和幼儿简短地聊聊刚才发生的事情，一起商量简单的好方法。

2. 顺应幼儿年龄特点，及时调整材料。在支持幼儿自助的过程中，再多增加一些置物架并适度分开距离，增加不同的组合方式，如添加挂钩等，这样既为幼儿提供了多种方法锻炼自助能力，又能避免拥挤，确保活动安全。（图2-5）

图2-5　增加具有同样标识的双层置物架

镜头三：不一样的"家"，不一样的摆放方式

观察：

活动结束了，小云朵刚想把水桶送回家，发现了弹簧绳，小云朵好奇地问我："何老师，这是什么呀？"我说："这是玩具的新家，你觉得谁能住在这个家里？"小云朵小心翼翼地把弹簧绳往下拉，把水桶的提手挂在弹簧绳的弯钩上。

小云朵开心地大叫："哈哈哈，哈哈哈，荡秋千、荡秋千！"这时婷婷和嘟嘟也看到了，学着小云朵的样子把小水桶挂到了弹簧绳的弯钩上。（图2-6）

图2-6　可挂水桶的弹簧挂绳

分析：

小云朵对周围环境和材料的变化充满了好奇，当发现弹簧绳时，能用语言与教师有效地沟通并愿意去探索，发现了弯钩和提手之间的对应关系。把水桶挂在

弹簧绳的弯钩上,小云朵的精细动作也得到发展。小云朵喜欢尝试,愿意用自己的方法去探索,感受到整理中的乐趣。

回应:

耐心支持和欣赏幼儿,让幼儿获得更多经验。教师需给予幼儿一个充分安全的生活空间,在摸一摸、玩一玩、说一说的过程中,针对不同特点的玩具运用不同的方式整理与收纳。在幼儿探究的过程中欣赏、支持、理解幼儿的行为,并让他们获得更全面的发展。(图2-7)

图2-7 沙水玩具整理区域

启示:

- **提供"看得见、看得懂"的标识,让幼儿形成有序的生活**

2—3岁幼儿正处于具体形象思维阶段,同时也处于秩序感建立的关键期。幼儿需要一个有秩序的环境并按一定的规则和习惯进行整理。因此,提供直观形象、一目了然的标识,能起到温和、有效的提示作用。作为规则提示的标识,基本固定但并非一成不变,标识的呈现方式应根据幼儿的理解能力、行为表现等进行微调。同时,还应注意提供的标识能引起幼儿的情感共鸣,能唤起幼儿的模仿意愿,能提高幼儿整理摆放的兴趣。幼儿在宽松自然的环境中,不知不觉的重复行为中,逐渐形成良好的生活秩序。

- **提供安全的指导，提高幼儿在自助过程中的自我保护能力**

由于幼儿经验不足，对行为后果无法判断，也无法察觉身边潜在的危险，难以处理好自身与周围环境之间的关系，以至于容易发生各种险情。因此，在一日生活各个环节中，为支持幼儿自助能力发展提供更多机会的同时，还需关注幼儿的安全问题，实施安全指导时充分了解幼儿年龄特点，考虑到幼儿在活动中可能会产生的一些动作和会发生的问题，可借助一些偶发事件和行为的机会，帮助幼儿学习保护自己的方法。

- **提供适宜的支持，让养与教的融合成为可能**

幼儿在进行自我照料的过程中，教师应给予幼儿必要的肯定、帮助和鼓励，给幼儿一个充分、安全的探究空间，理解幼儿的行为，尊重幼儿的想法。基于幼儿敏感期，提供适宜的材料，支持与推动幼儿多领域联结、获得多样经验，在养与教的互相渗透融合中，为提高幼儿自助的兴趣及各种认知发展寻找更多可能。

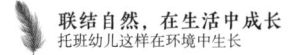

故事：我的一份邀请函　追随成长的收纳箱
——提供机会让幼儿主动尝试整理

故事时间： 2018年11月

故事地点： 户外草坪

故事作者： 上海市静安区早期教育指导研究中心/延长路东部幼儿园　龚亚东
　　　　　　上海市徐汇区教育学院　金晓燕

故事背景：

托班幼儿初入园，我们就开始尝试将区域游戏场地放到户外。小山坡、花草、木屋、池塘等自然环境，刺激着幼儿的感官。草地上摆满了各式各样的材料，满足幼儿游戏的需要。走道边放置了很多大型纸板箱和篮筐，便于幼儿游戏结束后归放物品和玩具。

故事内容：

镜头一：我也帮着拎篮子

观察：

这是开展游戏的第二周。游戏结束的音乐响起了，生活老师开始忙着收拾游戏结束后的纸箱。小武和星星来到生活老师身边，伸出双手拎着篮筐，嘴里说着："我也来，我也来。"

分析：

生活老师是在园照料幼儿一日生活的重要他人。两个男孩看到生活老师经常帮助他们整理玩具，萌发了模仿整理的愿望。模仿学习是婴幼儿主要的学习方式。他们的自助能力在模仿学习过程中发展，他们与成人的情感联结、独立尝试的胜任感也会得到发展。

回应：

提供便于搬动和整理的收纳筐。增加可一人搬动、有提手的收纳筐。在收纳

筐的内侧贴玩具材料的实物照片,便于幼儿辨识并对应摆放。(图 2-8)

图 2-8　贴有标识的不同种类收纳筐

镜头二:好大的纸箱子

观察:

几周后的一天,幼儿整理玩具时,小虞老师正在搬运一个体积很大的纸板箱。几个孩子看见后一起跑了过去,他们有的拖、有的拉、有的推着大纸箱,嘴里还哼唱着:"玩具宝宝好大呀,哎呀,哎呀,送回家,送回家!"

分析:

我们总是认为托班幼儿年龄小,只能将手中把玩的小玩具物归原处,但在一日生活中,我们发现需要给予幼儿更充分的信任。当遇到一个比他们身体大许多的纸板箱时,他们也愿意积极尝试,想办法运用各种动作探索,试图用推、拉的方式移动纸箱。在一人不能完成的情况下,还会有同伴主动参与。

回应:

充分信任幼儿。在确保安全的条件下,教师可以更多地放手,让幼儿独自搬运安全轻便的大件物品。这个过程既能帮助幼儿养成物归原处的好习惯,锻炼身体的控制力和协调性,也能提高自信,同时还能增加更多同伴之间人际互动的机

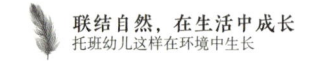

会。(图2-9)

增添细节上的支持。为一些收纳箱串起麻绳,便于幼儿整理时拖拉与搬运;更有情趣地装饰、设计外观,激发幼儿整理的兴趣。(图2-10)

图2-9 幼儿合作搬运大纸箱　　图2-10 幼儿搬运用麻绳连接的收纳箱

镜头三:我的娃娃会疼的

观察:

游戏结束后,浩浩不愿意把娃娃放到收纳箱中进行整理。浩浩说:"娃娃在箱子里会压疼的。"

分析:

浩浩是家中的大宝,还有一个刚出生不久的弟弟。在家庭生活中,父母对弟弟的照顾潜移默化地影响了浩浩,也丰富了浩浩照顾小宝宝的经验。同时幼儿会表现出泛灵化倾向,如,将玩偶拟人化,所以浩浩会将自己对弟弟的情感迁移到娃娃身上,产生情感共鸣。在收纳的时候就会像照顾弟弟那样,细心温柔地对待娃娃。

回应:

从幼儿视角出发,提供个性化支持。提供娃娃车、小沙发等,满足幼儿呵护照料娃娃的情感需要。(图2-11、图2-12)

图 2-11　幼儿使用娃娃车进行游戏　　图 2-12　整理区域中的小沙发

启示：

- **提供多样环境，邀请幼儿参与**

幼儿的自我意识和自助能力正是在反复尝试中逐步积累的。试着从幼儿的日常生活入手，在确保幼儿安全的前提下提供适合托班幼儿、人人都能尝试的环境，去邀请幼儿主动参与活动。提供贴有直观标识的整理筐，利于幼儿归类整理；提供可以拖、拉、推、提、拎的收纳箱，便于幼儿主动参与整理运送。在一起游戏、一起劳动中增加师幼、同伴间的互动，促进幼儿动作发展并增进彼此情感。

- **耐心细致观察，支持幼儿需求**

生活自助能力和习惯养成受遗传基因、生活环境和家庭文化等诸多因素的影响。需要教师多观察，依据幼儿的性格、能力或生理及情感需求的不同，发现行为表现背后的原因，从而更准确地站在幼儿的角度去分析理解他们的行为，支持幼儿个性化的需求与发展。

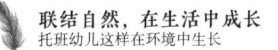

教研案例：

基于需求，营造愉悦有吸引力的点心环境
——环境创设与调整促托班幼儿用餐自助能力的实践研究

上海市静安区早期教育指导研究中心/延长路东部幼儿园　潘蕾

上海市徐汇区教育学院　金晓燕

一、选题动因

（一）现实背景与实际问题的简析

进餐是幼儿园一日生活的重要组成部分，蕴含了许多教育契机。幼儿进入托班之后，由于分离焦虑，使得"吃"这件原本"开心"的事变得"不开心"，"一餐两点"也成了托班家长最担心的事。

静安区延长路东部幼儿园在实践托幼一体化管理的过程中，积累了较为丰富的托班教养经验。幼儿园9月开学的前两周，家长全程以观察者身份陪在幼儿身边。教师根据托班幼儿一日生活安排，设计"渐进式陪伴观察表"，帮助家长尝试不干预幼儿退后观察，在陪伴过程中进行记录，包括来园、晨检、吃点心、上下楼梯、喝水、如厕、进餐、游戏等。并在家长离园前召开简短的家长会，听取家长想法，分享交流困惑与经验。渐进式陪伴观察，有助于缓解家长与幼儿的焦虑，让家长在沉浸式了解科学教养的基础上，逐步与园所达成育儿观念与方法的共识。同时，从家长处获得的信息，也能帮助教师结合自我的观察记录进行综合分析与思考，对后续环境材料做出相应调整。

（二）教研活动主题的思考与确定

通过每年9月托班"渐进式陪伴"的实施，我们收集了大量来自家长和教师的现场观察记录，对托班幼儿用餐习惯有了进一步的了解。同时，通过前期调研和文献搜索，我们发现关于托班幼儿就餐自助能力的研究相对缺乏，因此试图以此为研究契机，就托班幼儿自助用餐的价值意义，如何营造愉悦有吸引力的点心环境,在一日生活中怎样给予幼儿更多"自己来"的机会,如何为教养方式和用餐习惯不同的幼儿提供个性化支持等进行探索。我们相信尽管2—3岁幼儿各方面能力相对有限,但其日趋强烈的独立意识有利于推动自助能力的形成。

由此,我们将本学期教研主题确定为"环境创设与调整促托班幼儿用餐自助能力的实践研究",围绕托班幼儿用餐自助能力的教研共分为以下三个阶段:

阶段1:理论学习阶段,理解托班幼儿就餐自助能力的价值与内容。

阶段2:实践研讨阶段,促托班幼儿就餐自助能力提升的环境材料提供与调整。

阶段3:反思梳理阶段,促托班幼儿就餐自助能力提升的案例收集及经验梳理。

二、预期目标

1. 观察分析托班幼儿点心时段的行为表现,调整优化用餐环境。
2. 积累优秀环境创设实践案例,形成提高托班幼儿就餐自助能力的有效经验和方法。

三、整体规划

参与本次主题教研活动策划、组织和实施的团队成员主要包括:静安区延长路东部幼儿园园长、副园长、托班教研组组长、托班一线教师、静安区早教研究中心成员以及保健教师。围绕本次主题教研活动目标,团队于2019年上半年启动制定规划,并开展了一系列教研活动。

上学期,我园开展了托班户外游戏的主题研究,在教研中我们发现,作为教师,在确保安全的情况下要信任幼儿,利用环境、材料予以支持,激发幼儿主动参与活动,使幼儿在户外游戏中获得发展。我们得出:托班幼儿是有能力的学习者。

有鉴于此,本学期我们将继续合理运用环境、材料,激发幼儿主动参与的愿望,提升托班幼儿用餐环节的自助能力。同时,希望通过本学期教研活动,进一步提升教师观察解读幼儿行为的水平及利用环境材料支持幼儿自助就餐的能力。

具体安排如下表:

表 2-1　教研活动安排

序号	活动内容与要点	活动层级	时间
1	托班"一餐两点"与幼儿身心发展的关系(理论学习：通过文献,理解托班教养融合的内涵,理解托班幼儿就餐自助能力的内涵与价值)	园级教研	2019.9
2	托班适应期自助点心环境材料创设的困惑(解读托班幼儿适应期特点,收集教师在自助点心环境材料创设与实施中的困惑)	托班教研	2019.9
3	怎样创设托班适应期的点心环境(了解托班幼儿点心环节的环境创设,如何处理安全和自助的关系)	托班教研	2019.10
4	基于需求,营造愉悦有吸引力的点心环境(结合开学前两周家长填写的"渐进式陪伴观察表",以案例分享等形式继续梳理通过环境材料支持提升幼儿就餐自助能力的方法)	园级教研	2019.10
5	托班幼儿自助就餐与家庭之间的联系(如何家园协同,帮助托班幼儿提升自助就餐能力)	托班教研	2019.11
6	围绕"托班幼儿自助就餐",以环境与材料提供的有效性为主线,进行学习故事分享	托班教研	2019.11
7	通过微格研讨"如何顺应2—3岁秩序感敏感期"促幼儿自助就餐的能力	托班教研	2019.12
8	基于适应期与发展期托班幼儿的特点,梳理提炼不同发展阶段幼儿自助就餐的环境与材料的有效提供及调整方法	托班教研	2019.12
9	结合实践进行经验分享交流,形成专题小结	园级教研	2020.1

四、本次活动设计

(一) 目标与内容

本案例介绍的主题教研活动是这一系列活动中的第四次活动。

表 2-2　第四次教研活动记录

活动主题	基于需求,营造愉悦有吸引力的点心环境		
活动目标	1. 根据对幼儿用点心时的行为观察、分析与解读,调整点心环境 2. 运用数据分析、案例研讨等方式,在思辨过程中形成基于幼儿需求的环境材料支持方法		
活动时间	2019.10.22	活动地点　206会议室	学段/学科　托班
设计团队	静安区延长路东部幼儿园园长、托班教研组长		
参与对象	静安区延长路东部幼儿园园长及副园长、保教主任、托班教师、静安区早期教育指导研究中心教师		

(二)活动准备

1. 资料准备

(1) 教研活动预告单

(2) 现场教研活动设计方案

(3) "托班新生入园(1、2周)渐进式陪伴观察表——点心环节"(具体见右方二维码)

渐进式陪伴观察表

(4) 供研讨时使用的幼儿自助用餐相关课件

2. 经验准备

活动前阅读并思考案例《从"你来"到"我爱"的洗手之旅》的启示(详见第二章第24页)

3. 流程设计准备

教研组长介绍目前托班点心环境创设的经验。

解构:通过解读托班渐进式陪伴观察表收集到的数据,了解幼儿在用点心过程中的行为表现。

追因:幼儿产生这些行为的原因是什么?针对原因我们尝试做了哪些调整?

建构:环境创设是否真正基于幼儿特点?请结合案例,思考如何基于幼儿需求调整环境与材料,促进幼儿自助能力的发展。

共识:形成基于幼儿需求的点心环境材料支持方法。

延伸活动:托班幼儿自助用餐与家庭教养环境之间的联系。

五、本次活动实施

(一)导入

上次教研活动,我们梳理了托班点心环境创设中如何处理安全和自助的关系。以幼儿视角,设计了安全的空间环境和行动路线。如,在地面贴进出标识、按流程避免路线重复和拥挤的环境创设,为幼儿自助能力发展提供辅助。这期间,老师们用开放的心态接纳幼儿的需求,为幼儿创设井然有序的环境时,还需放慢速度,理解并尊重这一时期幼儿的年龄特点。

(二) 展示讨论

1. 解构：通过解读托班渐进式陪伴观察表中的数据，发现幼儿在用点心过程中，35%的幼儿站在原地不动，85%的幼儿不会使用勺子，55%的幼儿不会使用单耳杯，70%的幼儿徒手拿取点心。

2. 追因：幼儿产生这些行为的原因是什么？

教师A：幼儿原地不动也许是因为适应期情绪还不稳定，正处在与新环境的磨合期，缺乏安全感。

教师B：家庭教养方式也是导致部分幼儿依赖他人的原因之一，比如有的不敢"轻举妄动"，或者祖辈抚养较多，幼儿习惯性地"等喂"等。

教师C：幼儿没有相关的自助经验也是问题之一。我们提供的环境和材料不能吸引幼儿愉悦地用点心。

3. 小结：适应期幼儿情绪不够稳定，每个家庭教养方式又不同，因此产生上面这些表现行为。

4. 追问：针对原因我们尝试做了哪些调整？

教师A：在环境上，我们创设了让幼儿安静、放松、愉悦、安全的环境。比如放一些轻快的音乐，有助于稳定幼儿的情绪。安排点心区域时尽可能选择光线明亮柔和的地方，让幼儿感觉安心。同时，对特别依赖某一个教师的幼儿，我们会面对面引导其吃点心，让幼儿有安全感。

教师B：我根据渐进式陪伴观察表中发现的问题，与家长进行沟通，了解幼儿在家庭中的情况，在班级环境中做了调整。所以，与家长联系取得信任，对幼儿生活自助能力提升有帮助。

教师C：在食材上，我们为幼儿提供了形象各异、大小不同的饼干，如动物饼干、汽车饼干、爱心饼干，口味有甜或咸的等。牛奶的量有多有少供幼儿选择。同时提供了少量空杯子，为个别情绪稳定又愿意自己操作的幼儿提供自助的可能性。

教师D：我们提供了不同工具，幼儿可选择自己熟悉的工具取点心。杯子有单耳杯、双耳杯、无耳杯；取用工具有长柄勺、短勺、食品夹、弯勺。且每种杯子和勺子的数量差不多，既方便幼儿选择又避免争抢。

5. 小结：在点心环境和材料的创设中，依据渐进式陪伴观察表中的幼儿行为表现，与家庭形成联结，对食材、工具都做了相应的跟进与调整，在满足幼儿安全感的同时尽可能地给幼儿适度的选择，为幼儿自助能力的发展提供机会。

6. 延伸：教师A在点心环境创设中，将点心的不同花样及数量以照片的形式呈现，提供套餐服务。但幼儿对精心创设的点心牌视而不见……你们有什么好办法？（见下方二维码）

精心创设的环境，是否真正基于幼儿特点，促进幼儿的自助用餐能力的发展？请结合教研活动前大家自学的案例《从"你来"到"我爱"的洗手之旅》，给A老师支支招。

延伸环节教师的困惑

教师A：洗手的故事中，教师为了安抚处于分离焦虑的幼儿，先顺应幼儿的思维方式，创设易亲近、多体现家庭元素的生活环境与氛围，然后逐步引导幼儿习得自助能力。

教师B：比如，最初教师创设的洗手步骤图被幼儿所忽视，说明这个时期的幼儿对图示尚不能理解，反而是情感的渗透更能激发幼儿来洗手的愿望，于是教师做了调整。

教师C：从卫生角度来看，毛绒玩具不容易消毒。不妨提供幼儿用餐的照片取代图示，让幼儿感知用餐的快乐，与幼儿自身有联系的照片比图示更具亲切感也更符合幼儿年龄特点。

教师D：可在中间放置已分好的不同套餐点心盘，由幼儿自己选择吃什么，用什么工具。幼儿可以更为直观地看到点心，更便于选择。共同进餐的温馨感、轻松感、互动感，能有效提升幼儿食欲。

教师E：在工具的选择上不宜过多，一般建议两种工具，太多反而影响幼儿，容易使其产生焦虑。

……

（三）教研总结

1. 共识：形成基于幼儿需求的环境材料支持的方法。（见表2-3）

表2-3 幼儿行为观察分析

幼儿行为表现	教师观察分析	环境材料支持的方法
（1）点心运送中易打翻 （2）看不懂图片提示 （3）进餐时注意力易分散	涉及原因： 情绪情感，（适应期）缺乏安全感、易受外界（他人、周围玩具）影响、以自我为中心 生活习惯，依赖他人、寻找陪伴者（互动者） 思维认知，认知有限，不能与图片建立联系 动作发展，平衡能力尚待提高 家庭因素，家庭氛围及共同进餐的习惯	物理环境： （1）环境中增加幼儿日常用餐或家庭用餐的照片，如夸张的大口用餐照片、开心用餐照片等 （2）放缓进餐节奏，保持一种平静且轻松的进餐状态，营造真实的、家庭式的环境氛围 （3）一个不受"打扰"的圆桌餐会。中间放置已分好的不同套餐点心盘，由幼儿决定吃什么、用什么工具 （4）提供适度的挑战，如，适量提供工具等，从简单的自我服务中获得快乐 人际环境： （1）教师亲切的语言引导，缓解就餐情绪 （2）有效的家庭联结与迁移有助于提升巩固自助用餐的能力

2. 延伸活动：我们发现家园之间的联系对幼儿生活自助能力也非常重要，一起看一段托二班的点心环境视频，结合幼儿的行为表现，看看对我们调整点心环境有何启示，还有哪些可以优化的地方？（见右侧二维码）

3. 教研预告：结合下次的教研内容，请大家思考可以怎样通过家园协作的方式，帮助幼儿更好地提升自助能力。

托二班点心环境

六、反思与分享

（一）经验积累

1. 家长100%参与填写"托班新生入园（1、2周）渐进式陪伴观察表——点心环节"，让家长在沉浸式了解科学养育的基础上，逐步与园所达成育儿观念与方法的共识。

2. 参与教研的教师，通过思辨互动、视频分享、观点碰撞，对"基于幼儿需求，营造愉悦而有吸引力的点心环境"有了深层次的理解和思考。

3. 参与本次教研的新教师思维活跃，敢于提问。青年教师，有理有据，乐于分享。成熟教师善于追因，打破常规。

(二) 收获与共识

正确解读幼儿、支持回应幼儿不仅仅要依靠教师的教育经验，更要了解幼儿的需求，通过教师的专业行为，运用数据化、实证化的方式去观察、记录、分析、比较，并进行行为跟踪与改进。

(三) 问题与分析

本次活动预设的目标基本达成。但本次教研依靠的是前期家长的记录和教师的视频与照片，缺乏追踪型的二次验证。帮助托班幼儿提升自助用餐能力，仍需大量的案例和数据，进行有效地对比，反复地循证。通过更精准的引导，帮助幼儿在一日生活中健康成长。

(四) 完善与推进

可以利用多种数据收集方式辅助教师提高依据实证分析的全面性，持续收集和分析数据的能力也是让教师学会"用证据说话"的核心力量。

让教师"用证据说话"，除了一日生活中利用多环节观察收集以外，也可利用家园共育的途径，通过观察、记录、对比与分析，以实证的方式，将信息有效传达，让家园协作帮助幼儿真正获得发展。

第三章

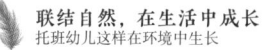

充分满足幼儿运动的需要

故事：钻钻爬爬
——由幼儿兴趣引发的动作探索

故事时间： 2019年9月—11月

故事地点： 活动室

故事作者： 静安区彭浦实验幼儿园　顾倩悦

　　　　　　静安区教育学院　斯菲

故事背景：

幼儿对所有新鲜事物都充满了强烈的好奇心，他们正处于大肌肉迅速发展的阶段，喜欢用肢体和周围环境互动，具有发现、探索的学习热情。

钻进低矮的角落或通道躲藏起来是幼儿喜欢的游戏。他们尝试不同的动作，调整着自己的身体姿态，试图把自己藏起来。"不见了！看到啦！"我们在活动室里提供了钻筒、纸板箱等材料。

故事内容：

镜头一：钻筒连起来啦！

观察：

孩子们看到一长一短两个钻筒，手膝着地钻了进去。小爱爬出钻筒后，将两个钻筒连接在一起，波波躲进钻筒坐在里面。我凑近看看，正好看到波波被发现时开心的笑脸。（图3-1）

图 3-1 钻钻爬爬

分析:

钻筒,四周封闭,两端开口,既能满足幼儿喜欢躲藏在封闭狭小空间的需要,又因为有柔和的光线透过,能让幼儿感到安全。小爱手膝着地爬进钻筒,动作灵敏且协调。小年龄幼儿喜欢多次重复同一个动作,一条钻筒的爬行距离太短,他需要更长的爬行距离,小爱自发地将两条钻筒连接起来,自己解决了问题。

当我弯下腰朝钻筒内的波波对视微笑,他也朝着我开心地笑起来。看来波波接纳了我,还对躲猫猫产生了兴趣。他享受着把自己藏起来的过程,尝试如何将自己的身体藏在钻筒内,同时也享受着和老师的游戏互动。

回应:

增加便于幼儿钻、爬、躲、藏的材料,引发幼儿对游戏持续的兴趣,主动练习钻、爬、跨、蹲等动作。为了满足幼儿游戏的需求,可以提供其他易于钻、爬、躲、藏的材料,如小纸箱、小帐篷等。可以增加同种材料的数量,如增加钻筒数量,方便幼儿有需要时连接更长的通道。可以玩一段时间后调整材料摆放方式,如变化纸箱的开口朝向,有时开口在上,有时开口在两侧。

在游戏中教师用微笑着注视、简短的语言等与幼儿试探性地互动,与尚处适应阶段的幼儿建立积极的情感联结。

镜头二：我把自己藏起来啦！

观察：

喜欢躲在纸箱里的孩子越来越多。这天，小爱想跨进纸箱，他双手撑住纸箱跨入一条腿后停了下来，接着又退了出去，躲在里面的孩子叫嚷着："不能进来了，没地方啦！"

小恩望向了面前的小号纸箱，他趴下朝箱子口看了看，然后试着钻进去，但箱子有点小，没有成功，他直接搬起箱子，双手举高套在了头上。（图3-2）

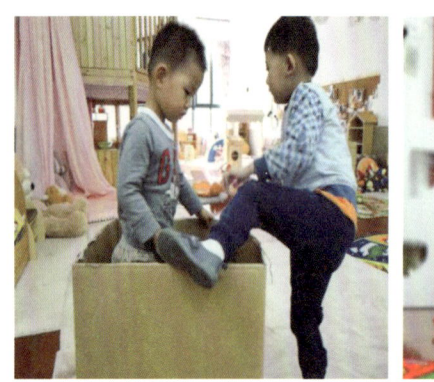

图3-2 我把自己藏起来

分析：

幼儿的经验在游戏中慢慢累积。箱子装不了所有游戏同伴，有的躲在箱子里面，有的只能在外面，由此初步引发了幼儿对于自己身体和外部空间关系的感知。幼儿发现只有低下头才能钻过小门，通过视觉预估和亲身尝试感知、比较小门高度和自己手膝着地时的高度。

游戏给了幼儿更多的探索机会，在游戏中他们自己发现，自我调整。由此，身体越来越灵活，动作越来越熟练。

回应：

拓展游戏空间，丰富游戏情境，给予幼儿充分活动、主动探索的机会。幼儿们对"躲猫猫"游戏的兴趣依然浓厚，教师可以适当扩大区域，并且和周边的区域环境自然连接，宽敞的空间更利于幼儿的动作练习和探索。同时，为了丰富幼儿的运动经验,鼓励幼儿探索不同大小的空间,在原有材料的基础上,创设一条由多种材料连接而成的通道。通道有大、有小,有圆形、有方形,旨在让幼儿能在钻、爬通道的过程中将零散的躲藏经验进行整合,感知不同材料组成的空间。

镜头三:快看,我钻出来啦!

教师为室内的大部分空间,准备了帐篷、钻筒、大小不同的纸箱、软包的C形"山洞"。幼儿对这个新通道很感兴趣。(图3-3)

图3-3 洞洞山

观察:

有的幼儿从帐篷一端进入,从敞篷的小窗户中露出脑袋和同伴打招呼,遇到障碍物大恐龙就侧身走。有的穿越过帐篷,然后压低身体手膝着地向前爬行,通道的最末端是小箱子,小海压低身体,撅起屁股,让自己的上半身先通过,再压低屁股,靠手部力量让自己身体向前挪出隧道。(图3-4)

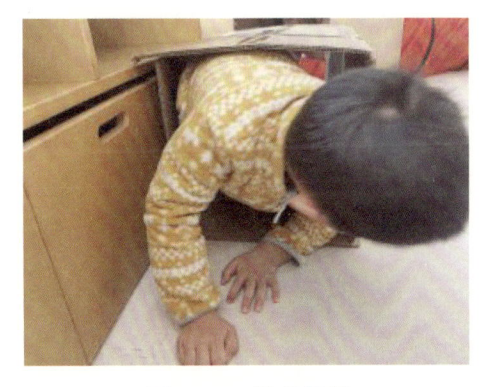

图3-4 钻出隧道

分析:

在空间大小、形状各有不同的"通道"中,幼儿根据空间大小、通道方向,调整

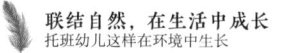

自己的身体,出现了钻、爬、趴、跨、躺等多种动作,多变复杂的游戏环境促进了幼儿的动作发展。

回应:

放手鼓励,让幼儿玩出自己的游戏。教师创设新的游戏情境能给幼儿带来新鲜感,引发幼儿在主动参与中练习多种动作。但是规定情境的游戏,缺少可选择性,也会让幼儿渐渐觉得无趣。当幼儿对这样的环境材料越来越熟悉以后,教师可以将大型玩具设施固定,小型的游戏材料集中摆放,供幼儿自己选择、组合,规划不一样的通道,玩出更多的可能性。

启示:

- **创设情境,让幼儿的基本动作得到了充分练习和发展**

在躲猫猫的游戏中,幼儿为了藏起来不被老师和同伴找到,会钻爬、跨越、爬高,他们有的蜷缩、有的趴,让自己藏起来而不被老师和同伴找到。游戏过程对幼儿身体的协调性和灵活性、动作的发展都有积极作用。

- **巧用游戏和材料,促进幼儿空间知觉的建立和发展**

身体是大脑的启蒙老师。幼儿通过游戏中的躲躲藏藏,带给大脑刺激和信息,并在运动中刺激大脑进行学习。游戏中,幼儿经常有感知自己身体与空间关系的机会。这一过程不仅促进其空间知觉的发展,还有助于他们建立对物体间位置关系的认知,在生活中避免撞到障碍物,使身体的动作更加灵活和准确。

故事：和落叶树影做游戏
——幼儿与自然环境互动中的游戏

故事时间： 2019 年 10 月 20 日

故事地点： 普陀区早期教育指导中心总部草地、山坡、小树边

故事作者： 普陀区早期教育指导中心　汪丽

故事背景：

阳光洒在草地上，孩子们正在活动玩耍。老师将一些小球、小桶和稻草鸟窝挂在小树上，并将孩子们喜爱的"割草机"、布飞碟等器材及小筐，分散摆放在小山坡上、小树之间。老师利用树木的不同高度，错落有致地挂上小桶、小球、稻草鸟窝。整个草地都有孩子们可以随意取放的运动小器械，孩子们可以单独使用这些材料玩耍，也可以组合使用，增加了孩子们与小伙伴"一起玩"的互动机会。（图 3-5）

图 3-5　幼儿活动的大草地

秋天早晨的太阳很暖，但不至于炎热。阳光投射下的树影微微颤动。树上时不时会有金黄的树叶飘落，落叶在地上聚集起来。这悄无声息的自然现象会引起玩耍中的孩子们的注意吗？

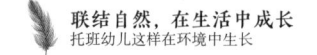

故事内容：

镜头一：发现树影

观察：

孩子们自由选取器材，有的在草地上"割草"，有的追着抛出去的布飞碟在小山坡上奔跑，还有些孩子用铃铛飞镖投掷挂着的小球，偶尔恰巧扔进小桶或鸟窝里，于是快活地拍着手蹦跳着。风吹得树上的小桶、鸟窝轻轻摇摆，笑声随着铃铛声一起飘远。

沫沫发现地上的落叶，他走过去，蹲下，拿起一片树叶看了看。一阵风吹来，沫沫静静地看着树影在微风中颤动。老师没有因为沫沫停止运动而提醒他，只是继续静静地看着他，观察他之后的反应。沫沫看了一会儿走开了。

分析：

在户外，孩子们走动的范围更大，户外环境中草地、山坡、树木，以及教师散点放置的玩具材料便于幼儿自由选取，这都让处于适应期的托班幼儿感到身心放松、情绪愉快。

可能是风吹过时树叶摆动发出的声音，或者是随风摆动的树影让沫沫感到新奇，老师没有上前和沫沫互动，只是静静观察。或许再多看一会儿，沫沫会发现是一阵风把树叶吹落的，或许还会发现，落叶就是从他身边这棵大树上掉落的。这是教师呵护幼儿对自然现象的敏感好奇和专注地自我探索的表现。

镜头二：飞镖小筐装树叶

观察：

站在一边的月月静静地看着沫沫，刚起身朝沫沫走去，沫沫就走开了。月月停下脚步，看了看沫沫扔下的树叶。老师拿起附近的小筐，走近月月，捡起一片落叶，月月凑近看，老师微笑着对月月说："一个小筐可以装好多树叶呢！月月要小筐吗？"月月点点头说："要的。"老师把小筐递给月月。月月开始捡树叶，一会儿工夫已有了小半筐。她捧着小筐摇一摇、抖一抖,树叶散落出来,月月再捡起。月月的举动吸引了刚走开的沫沫,他看了看四周,拿起一个小筐来到月月身边,学着月月的样子"捡树叶、摇晃、树叶飘落、蹲下、再捡起"。渐渐地,他们加快了捡拾速度,很快两人都捡了满满一筐落叶。(图 3-6)

图 3-6 拿着小筐捡拾落叶

分析:

户外环境因为有自然且丰富的元素,吸引着幼儿主动整合运用多种感官进行活动。它是幼儿充分运动、主动探索、感受力量及积极交往的好地方。沫沫和月月虽然没有参与大部分幼儿正在进行的运动游戏,但捡拾落叶的过程也是全身活动。捡拾落叶需要两指对捏,锻炼了幼儿的精细动作;需要蹲下站起,练习了幼儿的腿部力量;需要拿稳篮筐行走,发展了身体的控制和平衡能力。对于处于托班适应期的幼儿,过于密集的持续运动并不适合,他们需要有兴趣地调动全身,通过延长在户外逗留的时间,将身体运动和其他活动整合在一起,契合身体发展的需要。

回应:

老师把两筐树叶挪到靠近大树影子的地方。看看是否会引起孩子们的注意。(图 3-7)

图 3-7　与树影互动的男孩

启示：

- **让幼儿在整合式活动中发展动作**

为促进托班幼儿动作的发展，教师通常会提供适合该年龄幼儿的丰富材料，以满足幼儿动作发展的需要。但同时，在一日生活中尤其是在户外自然环境中活动时，那些丰富的资源，如自然光影、风云变化、自然色彩、鸟语叶落等都会引发幼儿互动的兴趣，他们会主动调动各种感官去感知、体验、探索、发现，动作、情感、认知、语言等得到整合式发展。为此，当幼儿出现停止运动、驻足观望时，教师敏锐地捕捉并支持幼儿的兴趣，幼儿生成的捡拾落叶等活动同样能促进其动作发展。

- **基于观察灵活运用身边材料资源**

教师敏锐地捕捉到树叶、树影都是促进幼儿发展的有用资源。于是出现了教师静静地观察沫沫如何把玩落叶，采用扮演玩伴的方式引发月月用小筐装落叶，将幼儿自己捡拾的落叶筐放置于树影间，观察其他幼儿会和落叶及树影产生怎样的互动。教师深知托班幼儿的好奇心随时随地产生但也来去于瞬间，需要好好呵护，用润物细无声的方式提供自然的支持。

故事：玩小球
——移动器械促进幼儿动作发展

故事时间：2019 年 5 月

故事地点：户外草坪围合区域

故事作者：中国福利会托儿所　高宁宁　赵锦娟

故事背景：

在草坪上滚球、追逐能让托班适应期的幼儿身心放松。我们将排球网围合成一个半封闭的区域，里面投放了大小不一、颜色各异、材质不同的球，以及小推车等。（图 3-8）

图 3-8　玩球区域场景图

故事内容：

镜头一：和喜欢的小球玩一玩

观察：

今天的操场上又多了一些小球，有的幼儿用手滚球，有的幼儿用脚踢球，有的幼儿拿着球绕着圈跑。还有几个幼儿发现了老师放在角落里的小推车。大家把球放到小推车里，推着车子到处走，玩起了运小球的游戏。（图 3-9）

图 3-9 和小球玩一玩

分析：

小球轻巧有弹性、色彩鲜艳会滚动，是孩子们最喜欢的玩具。为了满足幼儿的好奇心，让幼儿产生更积极的动作行为，我们用球网将区域围合起来，既不影响幼儿游戏，又便于收拾整理，同时还方便观察活动中的幼儿。顺应小年龄幼儿喜欢拖、拉物品的特点，我们提供的小推车引发了幼儿装球、运球的游戏行为，在发展运动的同时又满足了幼儿探索的兴趣。

支持回应：

创设游戏情境，激发幼儿运动兴趣。将小屋子、小火车放在围合区域内作为小球的"家"，幼儿可以用各种工具将小球运回家。

镜头二：我带小球去逛逛

观察：

玩着玩着，球散落一地，幼儿们开始捡起小球放进小推车。有的幼儿装了满满一车小球，送小球去小房子里；有的幼儿装了少量的小球送到小火车里，又折返装球运送；还有的幼儿用小手将球抱在胸前，把球送到小屋子里。

分析：

幼儿们或用小推车当工具，或用自己的手当工具运送小球。有的幼儿满足于把球装满整个小推车，有的幼儿热衷于来来回回地运球，幼儿们都用他们喜欢的方式进行游戏。

回应：

丰富小球种类，引发幼儿产生新玩法。补充投放海洋球、弹力球、健身球等形状、材质不同的球，有些球软、有些球较硬有弹性、有些球重、有些球轻，看看幼儿会出现怎样的运球方式。

镜头三：我把小球送回家

观察：

我们将球进行了分类，放在不同的球筐里。有的幼儿装了满满一车弹力球，推也推不动，便停下来看看怎么回事。另一些幼儿看见很大的弹力球便坐了上去，用力抱住弹力球蹦蹦跳跳地去了小房子。还有的幼儿朝小房子的方向踢球前进。

分析：

搬动小球、运送小球的过程，幼儿的四肢、腰腹力量都得到了锻炼，身体的协调性也得到了发展。同时，不同的球又引发了幼儿对小球的进一步探索，幼儿好奇为什么这一次装满了小球的车推不动了，大一点的球为什么会弹起来。

启示：

- **合理规划，创设合适的运动场地**

在创设场地时要根据活动的需要和安全进行规划，案例中半封闭的围合区域不仅能确保幼儿玩耍时的安全，还能保证幼儿与材料的互动频次。尽可能为托班幼儿创设户外活动机会的同时，需要合理规划户外活动场地，吸引幼儿与周围的场地环境建立联系，满足幼儿身心发展的需要。

- **基于观察，灵活运用材料资源**

起初，幼儿们只是简单地摆弄小球，老师发现了幼儿们的兴趣逐渐转移到小车上，于是投放了小车、小屋子等材料，还创设了运小球回家的游戏情境，幼儿们的兴趣一下子被激发起来。游戏中，老师又发现了幼儿们运送小球的数量、方法都不同，于是再次调整了游戏材料，提供多种小球，进一步支持幼儿的游戏兴趣。可以发现，材料的改变使幼儿与小球的互动变得积极多样，这不仅能够促进幼儿动作协调性的发展，更让他们在运动中初步形成一定的专注力，满足探索的欲望。

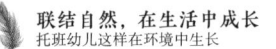

教研案例：

基于观察，优化户外小草坪运动环境
——促进托班幼儿粗大动作发展的户外运动环境实践

上海市静安区彭浦实验幼儿园　托班教研组

一、选题动因

（一）现实背景与实际问题的简析

3岁以下幼儿认识世界主要是通过身体动作直接感知来实现的。以身体充分活动为基础，在与周围环境的互动中，自由参与探索，建构新的经验。随着托班研究的不断深入，教师越来越认识到空气、阳光、温度等自然元素与幼儿身体的健康发展相关，自然环境中的活动能够为幼儿提供丰富、动态且相对柔和的刺激，更能促进幼儿参与运动的欲望以及他们的动作发展。静安区彭浦实验幼儿园利用户外现有资源条件，草地、树木、小山坡等，为托班幼儿创设专属的运动区域——"户外小草坪"。

（二）教研活动主题的思考与确定

静安区彭浦实验幼儿园托班教研组从创设托班运动环境及材料提供的现实需求出发，通过访谈与问卷调查、专家访谈等方式，收集问题并梳理。问题主要集中在"托班幼儿粗大动作发展特点及表现有哪些""运动场地如何规划""如何有效利用户外的资源，支持幼儿的充分活动"。于是我们将学期教研主题确定为"促进托班幼儿粗大动作发展的户外运动环境实践"。围绕托班户外运动环境创设的教研共经历以下五个阶段：

阶段1：重温托班幼儿粗大动作发展特点及典型表现。

阶段2：初步设计《托班幼儿运动环境观察指引》。

阶段3：立足现场，循环研讨和实践托班户外运动环境的优化及材料的调整。

阶段4：托班户外运动环境创设典型案例的收集与交流。

阶段5：梳理托班户外运动环境创设的优化方法。

二、预期目标

1. 观察、分析、解读托班幼儿粗大动作的发展特点，并以此为基础对户外运动环境进行优化与调整，提升教师观察、支持、反思的专业能力。

2. 在循证研究过程中积累促进托班幼儿粗大动作发展的户外运动环境创设案例，提炼有效的经验方法。

三、整体规划

参与主题教研活动策划、组织和实施的团队成员主要包括幼儿园园长、副园长、保教主任、科研主任、托班教研组组长和教师。围绕着本次主题教研活动的策划与实施等工作，团队在2019学年第一学期，规划、开展了一系列相关教研活动。

具体安排见下表：

表3-1 第一学期教研活动安排

序号	活动内容与要点	活动层级	时间
1	环境创设对托班幼儿粗大动作发展的重要性：通过理论学习，了解托班幼儿粗大动作发展与环境的关系，并对园所当前的户外环境进行分析。	园级教研	2019.8
2	托班幼儿粗大动作发展特点和典型行为表现：重温托班幼儿粗大动作发展的特点；通过典型案例学习，进一步明确该年龄段幼儿粗大动作发展的典型表现。	园级教研	2019.9
3	设计观察工具——《托班幼儿运动环境观察指引》1.0版：研讨观察指引的结构、内容、要求及说明，初步形成观察工具，以帮助教师观察及反思环境创设的适宜性。	园级教研	2019.9
4	现场观摩托班幼儿户外活动：依据观察工具，对托班幼儿在户外小草坪的活动进行回顾记录、分析识别。	园级教研	2019.10
5	基于观察，优化户外小草坪运动环境：头脑风暴，分析问题，寻找证据，现场调整。	园级教研	2019.10
6	户外小草坪环境的再调整：结合观察工具，观察幼儿在调整后的户外小草坪上的运动情况，在前次调整的基础上对环境再次改进。	园级教研	2019.11
7	修正《托班幼儿运动环境观察指引》1.0版，形成2.0版：基于实践，对观察工具的内容与要求删减或补充，使其更具指导性和操作性。	园级教研	2019.12

(续表 3-1)

序号	活动内容与要点	活动层级	时间
8	促进托班幼儿粗大动作发展的户外运动环境创设典型案例的分享与交流	园级教研	2019.12
9	结合案例,交流讨论,积累促进托班幼儿粗大动作发展的户外运动环境创设的优化方法	园级教研	2020.1

四、本次活动设计

(一) 目标与内容

本次为第五次园级教研活动,教研活动主题为:基于观察,优化户外小草坪运动环境。本次教研活动的目标与内容见下表:

表 3-2 第五次教研活动记录

活动主题	基于观察,优化户外小草坪运动环境				
活动目标	1. 依据《托班幼儿运动环境观察指引》和幼儿行为表现,分析户外小草坪运动环境创设中存在的问题,探寻促进幼儿粗大动作发展的环境创设关键要素。 2. 基于证据,现场调整户外小草坪环境,使其更合理、有效。				
活动时间	2019年10月22日	活动地点	静安区彭浦实验幼儿园	学段/学科	学前教育
设计团队	静安区彭浦实验幼儿园托班教研组				
参与对象	静安区彭浦实验幼儿园园长、副园长、保教主任、科研主任、托班教研组长及教师				

(二) 活动准备

1. 资料准备

(1) 现场教研活动设计方案

(2) 教研活动预告单

(3)《托班幼儿运动环境观察指引》

(4) 研讨用户外小草坪环境现场 PPT

(5) 研讨用案例 PPT"玩小球"(见第三章第 55 页)

(6) 研讨用户外小草坪模型盘

2. 经验准备

本学期,托班教研组围绕"促进托班幼儿粗大动作发展的户外运动环境实践"

这一主题开展了研究。教师们学习《上海市0—3岁婴幼儿教养方案》《0—3岁儿童健康与保育》等文献资料,了解托班幼儿粗大动作发展特点及支持策略,观察记录幼儿运动表现,捕捉典型行为;研发《托班幼儿运动环境观察指引》,在过程中梳理环境观察评估要点。通过持续学习和研究,逐步明确了幼儿运动能力和经验主要是他们在与周边环境和材料相互作用的过程中逐渐积累起来的,自然中适宜的环境与丰富的刺激可以给予幼儿大量的运动经验。

除此之外,教师们还学习了"实践性循证研究"的相关理论和案例。在教研活动中借鉴实践性循证的研究范式,通过"问题——证据——分析——再实践"的多次往复、不断循环的操作路径,强调基于证据的深度实践和基于反馈评估的持续改进。教师们达成共识:优化环境的方法不是一次就能形成的,需要多次往复循环论证。

3. 流程设计准备

(1) 导入

回顾前期教研的内容与收获。

反思案例"玩小球",分析价值点和启发点。

(2) 展示研讨

剖析现状,列举证据,寻找问题。

分组研讨,设计模型,分享交流。

智慧凝聚,优化调整,解决问题。

(3) 教研总结

梳理小结,达成共识。

延伸迁移。

五、本次活动实施

(一) 导入

1. 回顾

上周教师们观摩了托班幼儿在户外小草坪的运动现场,并根据前期自主研发

研讨过程

的《托班幼儿运动环境观察指引》(表3-3),进行了观察和记录。在今天的教研活动中,我们将在观察的基础上,立足发现的问题和证据,围绕如何优化小草坪运动环境进行研讨。

表3-3 《托班幼儿运动环境观察指引》1.0版

内容与要求	观察记录
1. 运动环境与器械安全、卫生。 说明:提供的玩具、材料与设施定期消毒,无尖角、脱落、松动等安全隐患。	
2. 运动空间相对固定、宽敞,便于幼儿充分活动。 说明:有固定运动场地,区域设置多样,人数控制合理。	
3. 合理运用自然环境及器材资源,设置多样化场地。 说明:有草坪、山坡、塑胶地等多样化的场地和环境,且有大型固定运动设施。	
4. 提供针对托班幼儿粗大动作发展的运动器械。 说明:配置中小型组合设施,如攀爬网(架)、梯子等的组合。	
5. 提供可以移动的小型运动材料、自制小型器具。 说明:小型运动材料,如各种球类、拖拉玩具、平衡车、滚筒等。	
6. 材料种类丰富,数量充足,具有可选性。 说明:有多种材料可供选择,同种材料数量有保证,可以满足幼儿的运动兴趣和动作发展需要。	
7. 运动路线设置合理。 说明:多条动线,便于幼儿灵活转换区域,且不易发生冲撞;区域或动线有较为明显的标识。	
8. 空间与设施支持幼儿主动发展。 说明:器械的摆放便于幼儿自由选择、取放;创设留白区,让幼儿自主地与场地、材料进行互动、探索,促进幼儿好奇心和解决问题能力的发展。	

(记录者:静安区彭浦实验幼儿园 托班教研组)

2. 反思案例"玩小球"

在教研预告中,请教师们自学案例"玩小球"。研讨开始之前,我们先交流案例带给大家的启发。

讨论:

(1) 案例中教师是如何创设托班运动环境的?调整运动场地的依据是什么?

(2) 案例带给你什么启发?

教师A：创设机会让幼儿在户外运动，选择草坪作为玩球的场地，稍有起伏变化的小坡等能促进幼儿走、跑等动作的发展，锻炼腿部肌肉，并且草地比较柔软，幼儿在草地上走、跑更安全。

教师B：结合幼儿的年龄特点，提供托班幼儿感兴趣的材料——球。基于幼儿的行为表现，不断丰富区域内的材料种类——不同大小材质的球，激发幼儿与材料互动，丰富成长经验。

教师C：捕捉幼儿的兴趣点，添加幼儿感兴趣的小汽车，提供贴近幼儿生活经验的材料，容易引发幼儿再现已有生活经验，激发幼儿的运动意愿。

教师D：案例中教师依据"小球散落得到处都是"的情况调整了运动场地，利用了网的围栏作用，把场地设计为半封闭的状态，让小球始终在一定范围内，幼儿又可以自由进出，不仅能够确保幼儿运动时的安全，还能够保证幼儿与材料的良好互动。

……

案例启示：

（1）通过观察了解幼儿活动需求，根据活动情况对活动环境进行持续调整和优化。

一是幼儿充分运动、拓展运动体验的需求。幼儿喜欢玩球，有拿着小球滚来滚去的，有用脚踢球的，还有追着球跑动的。

二是运动兴趣的激发以及动力续航的需求。如发现幼儿对小推车有兴趣，教师增设了运小球的游戏情境，幼儿们捡起小球放进小推车运送，运动兴趣始终保持。又如，提供多种小球，进一步引发幼儿主动探索不同的运球方式。

三是运动安全的需求。教师观察发现，草坪场地过大导致小球易散落、难收纳的问题，于是用木棍和排球网围合起一个半封闭的区域，半封闭的围合场地能够确保幼儿玩耍时的安全。

（2）对运动场地进行合理规划，吸引幼儿与周围环境建立联系，满足幼儿身心发展的需要。

(二) 展示研讨

1. 剖析现状,寻找问题

讨论户外小草坪环境的现状与问题。借鉴实践性循证研究的范式,采用"问题——证据——分析——再实践"的方式进行研讨。

在现场看到了什么?发现了什么问题?请列举证据说明。

教师A:我观察到很多幼儿在活动时会跑离小草坪区域,来到另一侧的塑胶场地活动。我认为幼儿的活动场地可以是不同介质的。是否能利用硬场地作为幼儿骑行活动区。为幼儿提供三轮车、脚行车,既可以锻炼他们的平衡能力和身体协调性,同时也可以发展下肢力量。作这样的调整一是考虑到托班幼儿对车类活动很有兴趣,骑行活动也是这一阶段的发展要点;二是我们应该充分利用好户外的场地资源,尽可能挖掘每一处空间的价值,让幼儿可以有充分活动的机会。

教师C:《托班幼儿运动环境观察指引》中提到"运动环境丰富可选"这一要求。虽然户外草坪区域场地较为宽阔,但幼儿还是习惯聚集在山坡和攀爬区,活动内容比较单一。我认为可以遵循这一时期幼儿的活动特点增加游戏的环境。比如,托班幼儿很喜欢小空间,喜欢钻一钻和躲躲藏藏的游戏。我们可以在草坪上放置不同大小的帐篷和纸箱,让幼儿钻、爬和躲藏,既能满足托班幼儿的心理需求,同时又能锻炼粗大动作。

教师B:我班幼儿很喜欢在小草坪区域活动。充分用好自然资源满足幼儿自由活动的需要,可以引发幼儿参与运动的兴趣,促进动作的持续发展。山坡形成的自然坡度,对于托班幼儿来说,是具有野趣和挑战性的场地。很多幼儿乐此不疲地在山坡上来回走动,感受空气和阳光,感受行走过程中的高低起伏带给自己的体验。

教师D:正因为山坡的陡峭对于幼儿的行走带来了挑战,所以引发幼儿不断保持着活动的热情。我们还记得托班幼儿最初的行走大都慢悠悠的,还有个别幼儿因为重心不稳跌倒了,但因为我们给足幼儿活动的时间,让他们有充分练习的机会,所以目前阶段,多数幼儿可以较自如地在山坡上来回行走。由此可见,幼儿动作的成熟与发展需要时间和机会，教师应多一些观察，少一些过度的指导，相信幼儿都是主动的学习者，相信他们在用身体建立对世界和自己的认知。

教师G：《托班幼儿运动环境观察指引》中还指出"合理运用自然环境及器材资源……"。户外小草坪的自然资源丰富，泥土、小石子、落叶、果子都是幼儿们的"天然玩具"。结合这些大自然的"玩具"，我们还可以提供一些小篮子，让幼儿在捡拾落叶和果子的过程中活动身体，促进动作发展。

教师G：户外小草坪旁还有一条绳网攀爬长龙，环绕整个草坪半圈，距离长且高低起伏。可让托班幼儿尝试攀爬靠近草坪山坡的小半段，在攀爬的过程中锻炼幼儿的上肢力量、平衡能力和协调能力。

教师H：托班幼儿年龄小，运动能力有限，整条绳网攀爬长龙距离过长，我也认同从安全及托班幼儿心理需求的角度来说，如果他们因害怕或感到不安全而想退出，攀爬长龙中增设的入口和出口就可以让幼儿有需要时就近出入。可利用竹梯、轮胎等材料做通道，让幼儿出入。

……

共识：

问题一，活动内容相对单一，不能满足基本动作发展的需要。

问题二，活动场地没有得到合理、有效利用。

问题三，缺乏户外的自然材料。

证据：幼儿运动表现、幼儿年龄特点及动作发展特点、《托班幼儿运动环境观察指引》等。

2. 三人一组，分组研讨，在模型盘上模拟规划户外小草坪运动环境

交流研讨：介绍调整后的户外小草坪运动环境。环境可以如何调整？为什么这样调整？依据是什么？

通过模型盘模拟环境设计

教师A、教师B、教师D：利用绳网、垫子等分割区域，创设半封闭式的围合场地。不仅能够分隔运动场地、确保幼儿活动安全，还能够保证幼儿与材料、环境的

良好互动。

教师 E、教师 F、教师 G：将小草坪旁的硬场地设置成为幼儿玩车区域，提供平衡车、三轮车等；在另一边的木栈道和塑胶地上摆放带有间隔的小木桩或轮胎，让幼儿练习走和跳跃。

教师 C、教师 H、教师 I：提供球类玩具让幼儿在草坪上玩耍、走、跑时操作；在草坪上放置帐篷、大纸箱，让幼儿在活动中躲藏，增加乐趣；在攀爬长龙的出入口架上竹梯，鼓励幼儿进行攀爬。（图 3-10）

……

图 3-10 模拟规划草坪运动环境

表 3-4 研论达成的共识

	问题	证据	分析	调整
1	活动内容较为单一。	幼儿运动表现：有幼儿跑到活动区域以外的地方活动。《托班幼儿运动环境观察指引》：户外运动环境丰富可选。	自然小坡和人工小坡的活动区域对幼儿的吸引还不够。	增加幼儿喜欢的骑行玩具；在小草坪周边的钻笼区域中放置小玩具，使之成为幼儿的活动区；丰富活动内容，增加骑行、攀爬类游戏，带动幼儿全身的运动。
2	活动场地没有被合理、有效地利用。	《托班幼儿运动环境观察指引》：合理运用自然环境及器材资源，设置多样化场地。幼儿集中在小草坪上活动。	未有效利用高低起伏的山坡；小草坪旁的硬场地、木栈道空置；小草坪上的攀爬长龙出入口少。	将小草坪旁的塑胶场地设置成骑行活动区域；在另一边的木栈道和塑胶地上摆放带有间隔的小木桩或轮胎；为攀爬长龙增设出入口；……
3	户外自然材料缺失。	幼儿运动行为记录：幼儿和周围环境的互动较少。	固定器械不可变，不能引发幼儿持续的运动兴趣。	提供小篮子、系绳的纸盒，幼儿可能出现捡拾、拖拉、搬运等行为。

（三）教研总结

1. 记录基于托班幼儿粗大动作发展的运动环境创设关键要素

讨论：基于托班幼儿粗大动作发展的运动环境创设需要考虑哪些因素？简述你认为最重要的三个关键要素。

教师A：运动安全是前提，要保证托班幼儿在安全可视的范围内运动。

教师C：利用场地自然条件分割区域，如草坪、山坡、硬场地、木栈道等，拓展运动空间。不同的户外活动场地、地面的平整程度等都会影响幼儿走、跑等动作的发展。

教师F：立足托班幼儿粗大动作的发展，区域的划分要能满足幼儿的运动兴趣和运动机会。设计内容提供的材料应该是多样化的，同时关注到上、下肢以及全身的大肌肉活动的需求。让幼儿在活动中始终保持兴趣和新鲜感。

教师G：利用丰富的自然环境，巧用自然材料。如短小结实的竹梯、低矮的木质攀登架、绳网等，可以诱发托班幼儿手脚并用，进行全身活动。

……

表3-5 教研小结

关键要素	链接点	策略
安全。	教师、保育员站位；区域边界清晰。	站位相对固定，结合随机走动；设置区域分隔标志或提示物。
多样。	场地设置；区域划分。	设置多样化场地；拓展空间；立足动作发展。
自然。	资源利用。	利用自然环境；巧用自然材料。

2. 延伸活动

结合观察工具，观察、分析幼儿在调整后的户外小草坪上的运动情况，对环境再次改进。

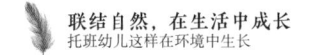

六、反思与分享

(一) 证据呈现

参考教研活动评价要点对教研活动成效进行评估和小结。

表 3-6 教研活动评价要点

评 价 要 点
研讨话题：紧扣教研主题，体现教师近阶段的问题需求，切口小，实践性强。
教研目标：目标明确，解决重点问题，体现阶段研讨的递进性。
教研过程：研讨素材具有针对性，教师有启发、有思考。
教研互动：核心话题引发教师共鸣，组长小结及时，梳理有效。
教研效果：解决问题，对实践改进有帮助。

本次教研活动紧扣"优化户外小草坪运动环境"这一主题而展开，教研目标明确，环节安排有序，且能体现阶段研讨的递进性。在过程中，教师们提供真实有价值的素材，举证分析问题，使研讨话题不断纵向深挖。

(二) 收获与共识

本学期系列教研活动，我们都是借鉴实践性循证研究的范式来进行研究的。首先观察实践情境，确定问题，再根据问题检索证据，依据证据进行实践，这是一个循环往复的过程。

在这个过程中，教师们逐渐树立起"证据意识"。国内外学者的研究理论，相关文献指引，优秀典型的案例，基于观察获取的幼儿的行为表现，这些都是富有价值和意义的研究证据。在之后的教研中，我们将继续"遵循证据进行实践"，对户外小草坪或其他活动区域进行反复研讨，切实解决实际问题。

(三) 问题与分析

首先，目前户外小草坪运动环境的优化还处于对区域设置的调整阶段。对运动材料的提供、运动内容和情境的创设还需进一步探讨。

其次是对关于运动环境观察工具的修正。如何更科学、准确地收集和利用幼儿运动行为表现数据，作为观察工具修正的依据，对教师们来说是具有挑战的。

(四) 完善与推进

本次教研活动中梳理的基于托班幼儿粗大动作发展的运动环境创设关键要素，将持续运用到后续对运动材料及运动内容的调整过程中。继续观察、记录和分析托班幼儿在调整后的户外运动环境中的行为表现，在户外运动中针对托班幼儿的粗大动作不同发展水平进行跟进式支持。

第四章

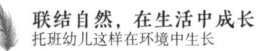

环境让幼儿感到安全和被信任

故事：从"亲密袋"到"宝贝盒"
——建立师幼、家园、同伴间信任的纽带

故事时间： 2019年9月—11月

故事地点： 活动室

故事作者： 上海市长宁实验幼儿园　叶安平

故事背景：

2—3岁刚入园的托班幼儿，骤然长时间地离开家庭带养者，进入一个有陌生教师、陌生同伴的新环境，自然会产生不安全感和焦虑的情绪。如何帮助幼儿快速自然地与教师建立起信任和依恋变得至关重要，于是教师身上的"亲密袋"应运而生。"亲密袋"里藏了各种宝贝，有小贴纸、小汽车等幼儿喜欢的小玩具。

故事内容：

镜头一：老师，我喜欢你

"宝贝，我喜欢你！"咦？这个声音哪里发出来的？正在抽泣的兜宝宝被吸引了注意，他发现声音好像是从老师的口袋里发出来的，兜宝宝停止了哭泣伸出了小手。老师拉着兜宝宝的手从口袋里摸出一只会发光的小鸟，兜宝宝好奇地摸着这只小鸟。"我让小鸟和你说话好吗？"老师假装小鸟说道，"兜宝宝，我们一起玩吧！"录音小鸟用萌萌的声音重复了一遍。兜宝宝瞬间呆愣了一下，随即咧嘴笑了，拿着小鸟和老师一起玩了起来。

老师故意把口袋里的贴纸露出一部分,老师身边立马围上了一圈幼儿。老师边给幼儿贴上贴纸边说:"你抱我一下,谢谢我好吗?"一个个或羞涩或热情的幼儿和老师拥抱在一起。但是,阳阳依然坐在椅子上,眼眶还有些湿湿的。

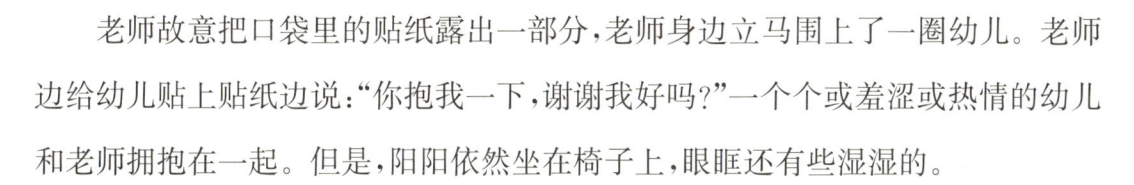

分析:

在陌生的集体环境里,熟悉的、有趣的玩具有助于转移幼儿的注意力,缓解分离焦虑引起的负面情绪。幼儿先对新环境中的物产生兴趣,再和提供物品的教师产生情感联结。教师用幼儿喜爱的玩具和贴纸来吸引他们,不但可以有效引起他们的注意,也能成为幼儿亲近教师的一种动力。教师将玩具或贴纸藏在身上的口袋中,既增加了神秘感,也能瞬间拉近幼儿和教师之间的距离。但是,长时间离开家人还是会让幼儿的情绪有波动。比如阳阳,他会时不时想念起家人,如何有效安抚他们的情绪呢?

回应:

在度过了最初的入园焦虑期后,幼儿和教师已经建立起了最初的信任和依恋,但有些幼儿还会出现情绪波动。我们理解并接纳幼儿的心理感受,于是,又扩展了"亲密袋"的内容。我们在每位幼儿的床头挂上了一个可爱温暖的软布袋,在里面装上幼儿家人的照片、安抚物等,以此帮助幼儿在幼儿园里建立起和家庭的情感桥梁,让幼儿在想念家人时有一些实物的情感寄托。(图4-1)

图4-1 置于床头的"亲密袋"

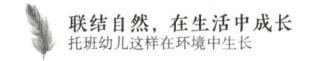

镜头二：妈妈，我哭一会儿就好……

观察：

细腻敏感的阳阳又因为想念妈妈哭了起来，老师带着他走进卧室坐在小床边，阳阳很自然地打开了"亲密袋"，找出"亲密袋"中妈妈的照片放在自己的枕头上，小脸贴着照片，嘴里"妈妈、妈妈"地抽泣着。一起跟进来的桐桐见状，情绪也受到了感染，只见桐桐默默地从他的"亲密袋"里拿出小猪，抱着小猪坐在地毯上静静地想妈妈……（图4-2）

图4-2 抱着小猪想一会儿妈妈

分析：

敏感的阳阳情绪容易波动，适应期相对比较长。托班幼儿非常容易受同龄同伴的情绪感染，产生同样的情绪波动。在绝大多数幼儿顺利度过入园适应期后，面对个别时不时仍会处于不安、焦虑、思念情绪的幼儿，教师对幼儿的个体差异给予充分的理解。面对阳阳和受他影响的桐桐，教师都未流露出责备、不耐烦的情绪，而是牵着他们进入卧室，给予默默的陪伴和支持。

教师拓展"亲密袋"的内容，增加了家人的照片、幼儿喜爱的家中安抚物等，以实物帮助幼儿建立情感的依托。选择将"亲密袋"安置在卧室的床头，其一，卧室是个私密舒适的地方，能保护哭泣幼儿的自尊，让他放心地去发泄自己的情绪；其二，卧室的独立环境也能尽量减少对其他情绪稳定幼儿的影响。

回应：

卧室里"亲密袋"的存在，让幼儿建立起从家庭到活动室，家人到教师的联系，帮助幼儿获得温暖的内心安慰，成为联结家庭和幼儿园之间的一条纽带，使得家人和幼儿之间的依恋关系在幼儿园里得到延续。"亲密袋"是否还能成为幼儿和幼儿之间的情感纽带呢？我们继续观察。

镜头三：嘿，我们一起玩吧！

观察：

桐桐从"亲密袋"里找出爸爸妈妈的照片一字排开，给嘟嘟讲"我和妈妈在划船，爸爸在给我搭积木"，嘟嘟回应"我爸爸也会搭积木"……

瑶瑶从"亲密袋"里拿出了米老鼠小玩偶，和汐汐你一个我一个地排起了队。原本独自抱着"糖果瓶"不撒手的小面包也过来一屁股坐下。三个女孩子在汐汐的"组织"下重新分配了玩偶排起了队。排着排着，第四个女孩子小龙猫爬了过来，伸长脖子看了起来……（图4-3）

图4-3 共同游戏中的幼儿

分析：

幼儿需要情绪安抚的现象逐渐减少，幼儿在自我情绪稳定的情况下，会关注周围同伴。同伴之间开始出现交往的萌芽，就自己熟悉的内容进行简单交流。比如桐桐和嘟嘟就"亲密袋"内的家人照片开始了对话。同伴之间还会产生模仿学习，比如几个女孩一起给小玩偶排队。可见，"宝贝盒"的诞生为增加同伴间的互动提供了契机。

回应：

在发现了同伴交往萌芽的情况下，教师开始思考如何利用"亲密袋"促进幼儿的交往。和家长沟通后，我们为"亲密袋"增加了孩子平时喜欢的玩具或者新买的玩具。为了孩子拿取方便，我们将袋子更换为盒子，并且将这个区域迁移到了教室入口处，不但方便幼儿更换、取放，也接近他们日常的游戏区域，"亲密袋"变身为"宝贝盒"。（图4-4）

图4-4 教室门口的"宝贝盒"区域

"亲密袋"到"宝贝盒"的故事还会继续下去,根据幼儿的发展需要,或许"宝贝盒"里的材料,"宝贝盒"的陈列位置和方式还会微调,我们将继续观察。

启示:

● **创设之始,站在"一米"高度理解幼儿的起点**

托班幼儿有着与其他年龄段幼儿显著不同的年龄特点。他们对新环境缺乏安全感,对家人和教师有更强的依赖性。这就需要教师站在托班幼儿的角度,真正去理解他们的内心世界和他们最真实的需求,在创设环境的时候尽可能地去满足他们的心理需求,帮助他们获得心理安慰与支持,平稳度过人生中第一次的小别离,愉快走好集体生活的第一步。

● **创设之后,追随幼儿的发展变化适时调整**

环境需要随着幼儿的发展变化进行适度调整。幼儿在与环境材料的互动过程中,会不断发展、变化,这种变化很缓慢,需要教师耐心和细致地观察。发现幼儿点滴细微的变化,用专业能力分析解读,进而对环境做出适合的调整,以促进幼儿进一步的发展。

故事：肉肉的入园焦虑

——缓解入园焦虑我们这么做

故事时间： 2019年9月

故事地点： 幼儿园

故事作者： 上海市长宁实验幼儿园　胡燕斐

故事背景：

9月份开学，未满3岁的肉肉每天来园，虽然没有大声哭闹，但总是默默流泪，不说话，不和大家一起玩，经常抱着自己喜欢的小熊在一旁观望。

故事内容：

镜头一：不愿意上幼儿园

观察：

开学一周了，肉肉每天自己背着小书包走进活动室，但当妈妈离开后，便开始小声哭泣，嘴里呢喃道："我还没睡醒，我想小便。"

午睡时，有小朋友在哭，肉肉没有哭，只是静静地坐着看别人流眼泪。

一天，午睡时，肉肉在床上翻来覆去，蹬着腿，"哇"地一声哭了出来。

分析：

肉肉是个对外界敏感的孩子，来园后她一直在打量着幼儿园的环境，对老师和同伴也抱着小心谨慎的态度，肉肉常常自言自语地重复同样的话，或许是她借此缓解紧张和焦虑。可见肉肉在这个新环境里还没有安全感。

午睡时，肉肉想妈妈的情绪愈加强烈，积压了好几天的焦虑情绪一下子爆发出来，她嚎啕大哭，这样的情绪宣泄，或许能让肉肉感到轻松一些。

回应：

1. 爱与拥抱、安定情绪。老师的拥抱让肉肉感受到和妈妈一样的爱抚，与老师肢体的接触，满足了肉肉的情感需求，继而对老师产生亲切感和依恋感。

2. 开辟空间、缓解焦虑。在教室门口,我们开辟了孩子和家长独处的空间,让肉肉可以和妈妈一起看照片、玩玩具,在和妈妈互动的过程中一起熟悉幼儿园的环境,让情绪逐渐稳定(图4-5)。

图4-5 教室门口的亲子空间

3. 利用玩具与游戏,转移注意力。在之后的几天里,我们接纳肉肉抱着最喜欢的小猪玩偶午睡。平时活动中,我们带着肉肉去找同伴一起游戏,通过游戏来缓解肉肉紧张的情绪,增加和老师、同伴之间的互动,让肉肉感受集体生活的温暖和愉悦。

镜头二:我愿意

观察:

户外活动时,肉肉一直站在一边,不动也不玩。王老师带着肉肉绕着操场走了一圈,来到大滑梯前。"去试一试吧!"肉肉摇了摇头。"不要怕,我在下面接住你。"当看到王老师在滑梯的下面张开双臂时,肉肉爬上滑梯,但停了下来。"不怕!有老师在。"当王老师再次张开手臂往前时,肉肉又往前跨了一步,微微一笑,滑了下来,肉肉和王老师愉快地拥抱在一起。

律动音乐响起,大家都来到王老师身边,一旁的肉肉,依旧在观望。王老师来到肉肉身边,对肉肉说:"老师站在后面陪着你。"有老师的陪伴,肉肉放松了下来,跟着音乐自然地摆动。

老师随后在和肉肉妈妈沟通的过程中了解到：肉肉在家很喜欢做律动，还主动教爸爸妈妈做。当晚，妈妈把肉肉做律动的视频发给了老师。第二天，王老师将肉肉的律动视频在班级中播放，孩子们都说："肉肉跳得好棒！"在做操的时候，肉肉愿意跟着老师做操了！离园时，在奶奶的鼓励下，肉肉微笑着大声和老师说再见。（图4-6）

图4-6 开心做律动的肉肉

分析：

肉肉是个敏感谨慎的孩子，对陌生的环境明显不适应，没有安全感，不敢主动进入新环境。老师注意到肉肉的视线一直停留在滑梯，于是带着肉肉先玩她感兴趣的滑梯，老师一个充满安全感的动作，加上一个温暖的笑容，让肉肉慢慢敞开心扉。

和肉肉妈妈的沟通，让老师了解到自然状态下的肉肉和在幼儿园的表现大不一样，也理解在肉肉心中，还没有对老师和同伴完全信任。视频的播放让肉肉获得了来自同伴与教师的肯定，这既帮助肉肉建立了自信，也让她感受到老师和同伴对她的接纳。

回应：

1. 营造温馨和谐的环境。温暖支持性的人际环境有助于幼儿产生安全感和信任感。教师通过肢体接触、多微笑、多交流等方式，让幼儿感受到教师的关爱。创设舒适温馨的物理环境，用温暖的色彩、柔软的材质、可爱的小家具，给幼儿"家"一样的温馨和舒适感。（图4-7）

2. 增加家园沟通频率。与家长多沟通交流，多截取幼儿在家活动照片、录像以及趣事，带到幼儿园和大家分享。如，教师可以在活动室照片墙上，每位孩子头像的旁边都配一个方便孩子随意拿取的相框，内附随时可以更换的孩子与家人或幼儿园活动的照片，让孩子们缓解分离焦虑，并通过照片来关注同伴。（图4-8）

图 4-7　温馨的"家"　　　　图 4-8　幼儿与家人的照片墙

启示：

- **从"家"开始，让幼儿逐渐感受新环境、新群体的吸引力与乐趣**

让幼儿顺利度过入园适应期，需要我们从"家"开始，创设"家"的环境，让幼儿尽可能地放松；在了解幼儿的性格、爱好、生活习惯的基础上，多进行情感交流，来补偿幼儿与家人分离后的情感缺失；还可以利用游戏活动来转移幼儿的情绪，让幼儿放松身心自由玩耍，让幼儿在自由、愉快、轻松的氛围中，感受集体生活的快乐。

- **家园合力，让幼儿在新环境、新群体中找到归属感**

教师与家长密切沟通，在消除家长顾虑的同时，拉近家园之间的距离，为家长积极主动参与家园共育奠定了基础。家园形成合力，可以帮助彼此及时了解幼儿在园、在家的动态，了解幼儿的真实状态，有助于教师更准确地分析幼儿的行为，展开更适宜的师幼互动，家园共同为幼儿营造舒适安心的生活氛围。

教研案例：

让入托适应期幼儿获得安全感的人际环境

——营造让幼儿感到安全和被接纳的人际环境实践研究

上海市长宁实验幼儿园　杨敏姬

一、选题动因

(一) 现实背景与实际问题的简析

托班幼儿正处于从家庭向托幼机构过渡的时期，幼儿的生活环境发生了变化，环境中的人际关系也变得更为复杂，从仅在家庭中与父母或其他养育者互动，发展为与机构保教人员、与同伴之间互动。在这段时期培养适宜、合理的人际互动关系，对幼儿基本生理、心理需要的满足有着重要的影响。因此，如何营造让幼儿感到安全和被接纳的人际环境，帮助幼儿缓解分离焦虑，融入新环境，成为我们托班教养者重点研究和探讨的话题。由此，上海市长宁实验幼儿园的托班教师将环境创设的落脚点聚焦于"人际环境创设"，即力求通过营造良好的人际环境，帮助幼儿平稳度过入园适应期，观察幼儿在环境中的表现，分析与解读幼儿行为背后的原因，以幼儿真实的处境感受为出发点，进一步创设让幼儿感到安全、被接纳的人际环境，使幼儿渐进适应和逐步融入托班。

(二) 教研活动主题的思考与确定

我园分别对38个有托班教养经验和初接任托班的教师进行了访谈，收集她们对托班人际环境创设的问题，并进行梳理提炼，发现教师的问题主要集中在"托班人际环境创设包括哪些方面？如何创设让幼儿感到安全、被接纳的环境以平稳度过适应期？""托班幼儿入园时，如何让不同性格的幼儿对教师产生安全依恋，有没有相对应的方法？""托班人际互动环境创设的主要途径有哪些？"。由此，我们将教研主题确定为"营造让幼儿感到安全和被接纳的人际环境实践研究"，围绕托班人际环境创设的教研共分为以下三个阶段：

阶段1：理论学习阶段。理解托班人际环境创设的价值与内涵。

阶段2：实践研讨阶段。让幼儿感到安全和被接纳的人际环境创设与调整。

阶段3：反思梳理阶段。托班人际环境创设与幼儿适应行为的特征分析与提炼。

本阶段教研属于阶段2，拟围绕"让幼儿感到安全和被接纳的人际环境创设与调整"这个主题进行深入地研讨。

二、预期目标

1. 在观察和分析幼儿的基础上，让教师对人际环境的内涵以及托班幼儿情感需求的外在表现有更清晰的认识。

2. 创设让幼儿感到安全和被接纳的人际互动环境，观察幼儿与环境的互动情况，组织教师进行分析解读与环境调整。

3. 积累收集托班人际环境创设与调整案例，凝聚教研经验并形成有效支持策略。

三、整体规划

参与主题教研活动策划、组织和实施的团队成员主要包括幼儿园园长、托班教研组组长和教师。围绕着本次主题教研活动的策划与实施等工作，团队在2019年上半年规划、开展了一系列相关教研活动。（表4-1）

表4-1 教研活动安排

序号	活动内容与要点	活动层级	时间
1	什么是托班人际环境？ 理论学习：了解"托班人际环境"的内涵及其对幼儿的发展价值	园级教研	2019.8
2	托班适应期人际环境创设的困惑 解读托班幼儿适应期特点，收集教师在人际环境创设中的困惑	园级教研	2019.9
3	让托班适应期幼儿获得安全感的人际环境分析 经验回顾：以往在托班人际环境创设方面的经验和方法 结合案例，对人际环境创设进行分析	园级教研	2019.10
4	满足托班适应期幼儿情感需求的人际环境创设与调整 结合案例分析，研讨人际环境创设的有效性	园级教研	2019.11

(续表4-1)

序号	活动内容与要点	活动层级	时间
5	创设托班师幼互动的人际环境 结合现场,分析并梳理促进师幼互动的人际环境创设的方法与要素	园级教研	2019.12
6	收集本学期有关人际环境的案例,完善人际环境创设与调整的内容与方法	园级教研	2020.1

四、本次活动设计

(一) 目标与内容

本次为第三次园级教研活动,教研活动主题为:让托班适应期幼儿获得安全感的人际环境分析。本次教研活动的目标与内容见下表。

表4-2 第三次教研活动

活动主题	让托班适应期幼儿获得安全感的人际环境分析				
活动目标	1. 通过回顾以往托班适应期人际环境创设经验,并结合"从亲密袋到宝贝盒"案例辨析 2. 进一步把握托班幼儿年龄特点,梳理托班人际环境创设的内容和有效方法				
活动时间	2019年10月10日	活动地点	长宁实验幼儿园	学段/学科	学前教育
设计团队	长宁实验幼儿园园长、副园长、托班教研组长				
参与对象	长宁实验幼儿园园长、副园长、托班教研组长、托班教师				

(二) 活动准备

1. 资料准备

(1) 教研活动预告单:时间、地点、参与人员、教研主题

(2) 现场教研活动设计方案

(3) 幼儿行为记录表

(4) 研讨用案例PPT"从'亲密袋'到'宝贝盒'"(见第四章第70页)、相关视频

(5) 教研活动反馈单

2. 经验准备

本学期,幼儿园围绕"托班人际互动环境的创设与调整"这个大主题开展了研究。通过前两次的教研,教师们明确了什么是人际环境;同时也意识到,对于2—3

岁幼儿来说,建立师幼间稳定的依恋关系,幼儿与同伴以及家园之间的和谐关系,对幼儿的身心健康发展至关重要。我园已有近20年的托班开班经历,且几乎每位教师都有托班教养的经验,已积累了一定的策略方法。因此,本学期新生入园适应期,我们鼓励教师在人际环境创设方面,能在原有经验基础上,基于幼儿的情感需求创新实践。教师通过幼儿行为观察记录表或者视频录像的方式记录幼儿在教师创设的人际环境中的行为表现,反思自身的策略是否有效。我们尝试通过"回顾——实践——研讨——共识"的教研模式梳理思维路径,提升教师反思性实践能力。

3. 流程设计准备

(1) 回顾。组内经验交流。

根据上次教研延伸的活动,聚焦教师们各自的托班教养经验,分享我园针对幼儿入托适应期人际环境创设的已有做法,通过分享梳理经验。

重点提问:在你的托班教养经历中,入托适应期幼儿具有安全感表现在哪些方面?情绪化的反应会持续多久?你创设了哪些人际环境,对幼儿平稳度过入园适应期是否有帮助?

(2) 实践。研讨案例"从亲密袋到宝贝盒"。

情境再现:执教老师完整叙述案例背景,再现幼儿在教养者创设的人际环境中的行为表现,分享创设中的思考。

(3) 研讨。根据案例交流研讨,分析幼儿的行为以及环境创设的有效性。

重点提问:

① 案例中幼儿的安全感表现在哪些行为?

② 教师创设的人际环境是否满足了幼儿对安全感的需求?体现在哪里?

③ 如何进一步调整优化?有何建议?

(4) 共识。

教研小结:托班人际环境创设的内容和方法。

延伸活动:继续收集一则托班幼儿人际环境创设与调整案例,利用幼儿行为记录表记录幼儿行为,反思环境创设的有效性。

五、本次活动实施

(一) 导入

上次教研活动,我们讨论了托班幼儿适应期的特点以及教师在创设人际环境方面的困惑,同伴间的互动交流让教师对托班幼儿入园适应期时的人际环境创设有了感性的认识;同时,为了更好地观察幼儿,我们也共同制定了幼儿行为观察记录表(表4-3)。今天我们就上次任务,先请有托班教养经验的老师谈谈,在幼儿入托适应期时,你是如何创设人际环境的?有哪些方法可以帮助幼儿获得安全感,平稳度过适应期?我们尝试梳理为适应期幼儿创设人际环境的内容和具体方法。最后,请托一班叶老师分享案例"从亲密袋到宝贝盒",我们来听听今年托班的新尝试,一起分析叶老师创设的人际环境是否满足了入托适应期幼儿对安全感的需求。

表4-3 幼儿行为观察记录表

观察日期		观察对象		观察者	
观察内容	托班幼儿适应期行为表现				
行为描述			行为分析		
情绪:(如哭闹、高高兴兴上幼儿园……)					
参与活动:(能跟着教师一起游戏、愿意跟同伴共同游戏、喜欢一个人玩……)					
生活适应:(吃、喝、拉、睡……的情况)					
接纳教师:(会打招呼、能应答教师、会提出诉求……)					
支持回应					

（二）展示研讨

1. 回顾

交流分享：在你的托班教养经历中，幼儿入托适应期在集体生活中感到安全的表现行为有哪些？情绪化的反应会持续多久？你创设了哪些人际环境？是否对幼儿平稳度过入园适应期有帮助？

反思实录：

教师A：托班幼儿刚入园时，缺乏安全感，有的幼儿表现为哭闹不止，无法安静下来，甚至不吃不喝，情绪上的波动较大，这时我们一般会与家长进行沟通，早晨入园时让家人进入教室陪伴一会儿，告诉幼儿妈妈马上就会回来，在教室里等一等妈妈。陪伴的时间可逐渐减少，给幼儿一个适应的过程。

教师B：托班适应期的幼儿因为对机构环境感到陌生，情绪容易紧张。将环境布置成家的感觉，摆放柔软的地毯、沙发等一些家里的常见用品，可以缓解幼儿的陌生感。

教师C：入园前，教师可以将布置好的幼儿园公共环境和班级环境录制成视频，发送给家长和幼儿，让他们对幼儿园环境预先了解，增加熟悉感。

创设家一样温馨的活动室环境

教师D：托班幼儿个性喜好各不相同，情绪化反应持续的时间也不同，月龄大、性格开朗的幼儿一般会哭闹1—2周；月龄小、敏感的幼儿可能会更久，1个月左右。我们一般在家访时向家长了解幼儿的基本情况，包括依恋物、有无稳定情绪的好方法等。

欢迎幼儿入园的视频

教师E：对于刚入园的托班幼儿来说，生活环节、流程的不同，生活作息的改变会给幼儿带来不安全感，所以在家访时，我们会告知家长幼儿园的作息时间，与家长协商，通过调整幼儿在家作息时间，提前适应幼儿园生活作息。入园后，在每一个生活环节交替的时候，放慢作息时间，转换节奏，老师会提前告知幼儿接下来要做的事情，让幼儿的情绪得到缓冲。

教师F：有不少托班幼儿尽管天天来园，但每天来园还是会有些情绪波动，需要教师创设一个随时关注幼儿、主动呵护幼儿的环境来缓解幼儿情绪。例如：来园时可以抱抱他、拉拉他的小手，蹲下来和他平视交流，让他知道老师正在等他、想他。通过拥抱、拉手等肢体交流，轻柔的言语交流，温柔的眼神交流，拉近师幼之间的距离。创设抚慰角，教师尽可能每天与每个幼儿有个别交流的机会，从而与每个幼儿建立信任感。

教师G：托班幼儿喜欢独自游戏，进入幼儿园后，有了同伴的加入，他们会渐渐关注同伴，所以在入园初期，除了创设幼儿独自游戏的空间，我们还可以更多地创设平行游戏空间，提供幼儿与同伴共同活动的空间，让幼儿感受到与同伴一起游戏带来的快乐，建立良好的同伴关系。当幼儿有了可依赖的伙伴后，就会将对家人的依恋情感转移，和同伴建立安全的依恋关系，这可以促进幼儿入园的情感适应。

教师H：我们可以为幼儿创设私密空间，例如，卧室"温馨一角"，在教师的陪伴下幼儿可以在相对私密的空间里宣泄情绪、缓解心理压力。

教师I：在班级中创设一片亲子乐园，摆放幼儿从家里带来的玩具、书籍等，供来、离园时家长和幼儿短暂停留时使用，尤其幼儿情绪不稳定时，家长可以在这个空间和幼儿聊天，引导他们看看活动室环境、其他幼儿的活动等，帮助其进一步熟悉环境，给予幼儿情感上的过渡。同时，家长对幼儿园产生的归属感也能感染幼儿，为幼儿尽快地适应新环境提供帮助。

……

2. 实践

执教教师通过PPT和相关照片视频分享案例"从'亲密袋'到'宝贝盒'"。（见第70页）

（1）案例背景介绍

今年的入园适应期，我们班级新设计了"亲密袋"，希望通过"亲密袋"吸引幼儿，与教师建立起安全依恋关系。"亲密袋"里放什么？为什么要放这些物品？"亲密袋"到底有没有达到预期的效果？在过程中我们不断观察、思考以及调整，今天就和大家分享我们的故事。

（2）根据案例分析讨论幼儿行为以及环境创设的有效性

提问：

A：你在案例中看到哪些行为体现了幼儿的安全感？

B：教师创设的人际环境是否满足了幼儿对安全感的需求？体现在哪里？

C：还能如何调整优化？有何建议？

研讨实录：

教师A：案例中教师巧妙地利用了幼儿熟悉的物品，马上吸引了幼儿的注意力，帮助他们缓解了情绪，效果很明显。

教师B：这个年龄段的幼儿先对新环境中熟悉的、有趣的物品感兴趣，再与提供物品的人产生情感的联结。教师用幼儿喜爱的玩具和贴纸来吸引他们，不但可以有效引起他们的注意，也能成为幼儿亲近教师的动力。

教师C：入园适应期，幼儿一下子进入新的环境，此时特别敏感、紧张。在我们带班的过程，幼儿情绪波动最大的时候就是来园及午睡时，"我想妈妈了""我要回家"这样的话语此起彼伏，案例中老师拓展了亲密袋的功能，把亲密袋放在床边，里面放上依恋物，可以适度地调整幼儿的情绪。

教师D：我觉得人际环境是一种氛围，教师的态度、眼神、动作也是一种影响幼儿情绪的环境。作为教师还要善于观察幼儿的需求，才能提供有效支持。

教师E：案例中，教师将玩具或贴纸藏在身上的口袋中，既增加了神秘感，也能瞬间拉近幼儿和教师之间的距离。后来，教师又在每位幼儿的床头挂上一个可爱的软布袋，里面装幼儿的家人照片、安抚物等，以此帮助幼儿在幼儿园里建立起和家庭的情感桥梁，让幼儿在想念家人时有实物的情感寄托。这样的做法值得借鉴。

教师F：建议可以更多地拓展亲密袋的功用，不仅建立起教师和幼儿的依恋关系、家园之间的桥梁，还可以拓展如何通过亲密袋促进幼儿之间的交往。

……

(三) 教研总结

小结梳理托班适应期人际环境创设的经验与策略。

结合我园已有的托班教养经验以及刚才案例中介绍的新经验,我们尝试梳理托班适应期人际环境创设的经验方法,详见下表。

表4-4 托班适应期人际环境创设方法与要点

时段	幼儿行为	环境创设(材料提供)	互动方式
入园前	幼儿对幼儿园环境感到陌生,缺乏安全感,对家长有较强的依恋感	1. 布置成家的样子,摆放柔软的地毯、沙发、一些家里的常见用品等,可以缓解幼儿的陌生感 2. 将布置好的环境录制成视频,事先给到家长、幼儿,幼儿通过观看视频减少对环境的陌生感	1. 访谈家长,获得幼儿的重要信息(包括性格、爱好、依恋物、有无稳定情绪的好方法) 2. 通过家访,让家长了解幼儿园的作息,在假期中尽可能与幼儿园作息同步,消除幼儿入园后陌生感,便于更好地衔接
入园后	幼儿入园后情绪波动较大,常伴随哭闹等行为	1. 设计"亲密袋",根据幼儿的兴趣拓展亲密袋的内容,建立教师与幼儿的安全依恋关系 2. 创设私密空间,给幼儿独处的机会,以发泄情绪、缓解心理压力 3. 创设亲子区域,供来、离园时家长和幼儿短暂停留,帮助幼儿和家长进一步熟悉环境,给予幼儿情感上的过渡	1. 营造宽松、愉快的情感氛围来缓解情绪,来园时可以抱抱他们,拉拉他们的小手,蹲下来和他们平视交流。通过拥抱、拉手等肢体交流,轻柔的言语交流,温柔的眼神交流,拉近距离,和幼儿建立信任感 2. 教师尽可能每天与每个幼儿有言语的交流 3. 适应期的作息相对宽松,可根据本班幼儿适应程度进行调整,逐步让幼儿从家庭过渡到幼儿园生活

根据幼儿行为不断更新、丰富教师在环境创设与互动方式上的经验,丰满此表格。

延伸活动:

继续收集一则托班幼儿人际互动环境创设案例,利用幼儿行为记录表来记录幼儿行为,反思环境创设有效性。

六、反思与分享

(一) 证据呈现

本次教研活动结束后,我们请所有参与现场教研的教师,对本次教研活动开展评价,满意率为100%。

以下为部分参与教师的评价:

1. 教研活动的整体策划、内容的选择具有时效性,正值托班幼儿入园适应期,教师们正需要本专题内容的梳理和引领,将经验转化为日常的教学实践,以满足托班幼儿入托适应期的情感需求,帮助幼儿平稳度过适应期。

2. 作为初接任托班的教师来说,这次的经验分享,犹如一场及时雨,有着丰富经验的托班教师分享自身的宝贵经验,给予新手托班教师很多灵感,现在幼儿正处于入托适应期,正好可以将这些好方法加以运用。

3. 实验幼儿园有着近20年的托班教养经验,通过系列的主题教研,从理论到实践,帮助教师复盘自己的教养行为,从会做到知道为什么这么做,进一步提高了教师的专业素养。

(二)收获与共识

本次教研活动由"回顾——实践——研讨——共识"四个模块组成。首先,通过组内经验的交互,一方面将原有经验进行了梳理归纳,另一方面传递经验,让新手托班教师获取了许多宝贵的经验。其次,生动的案例分析,让所有教师学会基于幼儿观察,思考在环境创设中我的目标是什么?幼儿与环境互动时,幼儿在哪里?他们有哪些行为表现?我的环境是否满足了幼儿的需求?我还可以如何调整?帮助教师形成对教学行为的有效反思。

同时,通过教研将已有的教养经验进行结构化梳理,形成表格《托班适应期人际环境创设方法与要点》,包括了入园适应期幼儿的行为表现,我们可以提供怎样的环境和材料,以及教师与幼儿家长的互动方式,在今后的实践和教研中可以不断丰富、予以推广。

(三)问题与分析

本次活动预设的目标任务基本达成。由于本次用了比较多的时间在回顾反思以往经验上,教师语言表述比较多,可能对于缺乏教养经验的教师来说,没有直观体验。今后可以更多地利用视频或者照片,以解读幼儿的行为,与教师创设的环境和互动方式建立联系,共同讨论,提高教研有效性。

(四) 完善与推进

运用拍摄视频、照片的方式,继续跟踪记录一位或多位幼儿在园各个环节中的行为,亦或是幼儿与环境互动的行为表现,鼓励教师收集素材,反复观察解读,并在教研组内分享交流,不断丰富教养经验的同时提升专业素养。

第五章

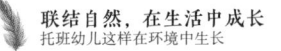

支持幼儿好奇与探索的兴趣

故事：欢乐水世界
——在与水的亲密接触中发生的故事

故事时间：2019年6月

故事地点：幼儿园宝宝班活动室阳台，沙水区，喷泉区

故事作者：中国福利会幼儿园　杨芳

故事背景：

钓鱼游戏是在活动室的阳台上进行的，教师提供了两个装满水的充气鱼池，里面放了各种形状、大小、材质的小鱼、小虾玩具，以及海洋球、钓鱼竿、舀网和装小鱼的小桶等。今天，教师对材料做了调整：在其中一个鱼池里喷了许多白白的剃须泡沫，让那些小鱼、小虾、海洋球都藏在了泡沫下面；还准备了红、黄、蓝三个颜料桶和若干滴管。增加了新元素的鱼池里会发生怎样的新故事呢？

故事内容：

镜头一：泡沫下面的秘密

观察：

6月6日，游戏时间到了，杰瑞和诺诺快速跑到有泡沫的鱼池。杰瑞用手抓起泡沫反复地捏着；诺诺伸手抓到一个裹在泡沫里的东西，用手一捏，东西滑落了，他再抓起来，两只手一点一点地把泡沫拨开："小鱼，红的小鱼！"拾月、棒棒糖、瞳瞳也来了，他们捏着泡沫、摸着藏在泡沫下的东西，"海豚""鲨鱼"……（图5-1）过了一会儿，教师悄悄地把放有滴管的红、黄、蓝三个颜料桶放到鱼池旁边。拾月发现了，蹲在地上捏着滴管，发现红色的颜料可以吸进去——滴出来；杰瑞也拿着滴管吸了黄色的颜料滴在泡沫里："黄泡泡！"其他幼儿被变黄的泡沫吸引，也开始尝试用滴管把三种颜料滴到鱼池里，再用手拨弄着泡沫，不一会儿，泡沫变成彩色的啦。

图5-1 加了泡沫的小鱼池

分析：

感官的直接参与能让好奇与探索活动更真实、生动。幼儿直接用手去抓、摸、捏不同材料与形状的物体，获得了光滑、粗糙、不同纹理、长条形、圆球形、扁圆形等丰富的触摸体验；在泡沫下找东西，也满足了托班幼儿喜欢藏、找东西的心理特点；用颜料把泡沫染成彩色，给到幼儿视觉冲击，并让他们对颜料与泡沫交融带来的色彩变化产生了浓厚兴趣。

回应：

追随幼儿的兴趣，调整游戏环境与材料，支持幼儿的持续探索。一段时间以后，教师把游戏搬到户外沙水区，提供了一大块画有"怪兽"的悬垂的软玻璃，用塑料泡泡包装膜制作的毛毛虫，几个装了不同颜料的塑料盆，还增加了水枪、软水管、彩色石头、玩沙工具等，支持幼儿继续探索水与颜料混合在一起的变化与神奇。

镜头二：欢乐水世界——沙水区的游戏

观察：

6月14日，阳光明媚的上午，幼儿来到沙水区游戏。

清清发现了水池前面悬垂的怪兽，问："老师，这个怎么玩？""试试用水枪去打怪兽！"于是几个幼儿尝试用抽拉、捏压等不同方式装满水枪，并瞄准怪兽射击。水冲在怪兽身上的同时，红、黄、蓝颜料随水流了下来，瞬间混在一起又出现了更多的颜色。其他幼儿也纷纷拿起水枪瞄准了怪兽："打怪兽啦！"……（图5-2）

图 5-2　水枪打"怪兽"　　　　　　　图 5-3　"毛毛虫"游戏

另一边，几名幼儿光脚踩在垫有海绵的颜料盆中，颜料从脚趾缝里冒出来。二丫的红色脚丫踩在用泡泡包装膜做的毛毛虫上，兴奋地大叫："我给毛毛虫穿红衣服咯！"糯米的蓝色脚丫用力踩在泡泡膜上，"噗——"脚下的泡泡膜破了，糯米又试着用大脚趾使劲旋转着压，"噗——"又一个泡泡膜破了……（图 5-3）

水池边几个幼儿在钓鱼。他们有的用鱼竿钓，有的用舀网舀。浩浩发现"彩色的石头钓不上来，但可以舀上来"，玲玲发现"小鱼在水上面，石头在水下面"……

中间的沙池里，幼儿用各种玩沙工具（小桶、小碗等）运水，把水浇在干燥的沙面上，反复体验着"水不见了"的神奇。我用软水管接上水龙头，水汩汩地流进沙池里，有的地方出现了小水坑。贝贝把小铲子埋在沙里："铲子不见啦！"阿扁在沙面上开小车，发现小车在沙里留下了车辙印……（图 5-4）

图 5-4　沙池里的自主探索

分析：

环境的调整让颜料与水的游戏更生动有趣。幼儿在游戏中观察到：颜料可以被水冲掉；颜料混合在一起会变出不一样的颜色；可以用手玩颜料，也可以用脚玩。游戏中幼儿自主选择游戏材料、内容、玩伴。充分的自主让幼儿的游戏无拘无束,自主选择让探索活动更持久。

对工具与材料的探索也生动有趣。幼儿反复尝试发现:各式水枪有不同的装水方法;舀网一次可以舀许多鱼;软水管浇水比水桶搬运水更快;踩颜料、踩爆泡泡膜,脚底的感觉不一样;小鱼浮在水面上,石头沉在水下面;在浇湿的沙池里开小车会留下车辙印;湿沙地上可以挖洞、可以埋藏东西;水与沙混合在一起更好玩;等等。

观察发现,幼儿逐渐对水本身也更有兴趣了,如:喜欢观察水池里水流动的方向,尝试用水枪打怪兽、远处的树叶等,探索水的力量。

回应:

教师发现幼儿从摆弄工具转移到对水本身的探索兴趣后,把玩水游戏搬到了小喷泉区。这里有可以调节高度的地面喷泉,教师还准备了几个装满水的儿童充气游泳池,给场地上的运动器械小熊、毛毛虫、滑梯涂上一些颜料,保留了各种水枪,支持幼儿在玩水的过程中持续地探索。

镜头三: 欢乐水世界——喷泉区的游戏

观察:

6月21日,在喷泉区,幼儿用水枪进行着各种游戏,如喂小熊喝水,为毛毛虫、滑梯洗澡。在教师的鼓励下,他们还尝试交换水枪,利用充气泳池、小喷泉为水枪装水。玩到尽兴时,甚至爬进了游泳池里,裤子湿了也全然不顾。(图5-5)

6月25日,教师更换了玩水工具,幼儿的游戏行为也不同了。妞妞反复把小碗盖在喷泉水柱上,偶然一次水柱顶起了小碗,妞妞兴奋地拍手;轩轩放在喷泉上的小鸭子被水柱冲走了,而小球却把水柱压住了;

图5-5 喷泉区域环境

兜兜和盈盈边笑边光着脚丫踩喷泉；磊磊想用水壶在喷泉上装水，可试了好久都没有装进去……

6月28日，下起了蒙蒙细雨，幼儿穿上雨衣来到喷泉区玩水。雨停了，幼儿拿着教师提供的新玩具泡泡机，在喷泉区喷出一串串泡泡，幼儿抓泡泡、捏泡泡，看泡泡在阳光下变成彩色泡泡，欢声笑语充盈其间……

分析：

玩水游戏生动而有趣。幼儿从室内玩到户外，玩水的方式也随着地点和材料的变化而变化。小喷泉、充气泳池、水枪、戏水玩具、泡泡机，教师基于对幼儿的观察调整材料，幼儿在探索中丰富对水的体验，发现水的静止与流动，感受水的力量与方向。幼儿越玩越大胆，越玩越尽兴，哪怕下雨也阻挡不了幼儿玩水的兴趣，幼儿与水的接触也越来越直接和亲密。幼儿亲近水、探索水的秘密，同时进行着日光浴、空气浴。

启示：

- **基于观察，不断调整环境与材料**

观察是支持回应的基础。游戏中教师要观察幼儿怎样运用感官，怎样去冒险和探索，如何与自然环境建立联系，如何发现自己的力量以及活动中的行动图式等。发现幼儿的兴趣，发现他们的"最近发展区"，并基于此创设环境，提供材料，给幼儿的发展搭建鹰架支持。

- **支持鼓励，把主动探索的权利还给幼儿**

幼儿是天生的科学家。他们会自发地与他们感兴趣的环境材料互动，并主动建构自己的经验。教师需要：创设安全、友好、开放的游戏环境，提供多样化、没有固定玩法的开放性材料，给到幼儿充分自主的选择权（选择材料、玩法、玩伴等），鼓励他们用自己的身体、感官去充分感受、探索。让幼儿自由地玩耍，把主动探索的权利还给幼儿。

- **开放空间，水的游戏尽量在户外开展**

瑞吉欧教育提倡"让孩子的眼睛越过围墙"，鼓励幼儿到户外、到自然环境中玩耍和游戏。户外玩水，能解放幼儿的身体和手脚，让幼儿真正地与水亲密接触；内容更丰富，能让幼儿获得更多的感性体验；方式更多元，能让游戏始终保持新鲜感和吸引力；与自然更巧妙地融合（如：沙水同玩、给小花浇水、观察小蝌蚪等），能引发幼儿对大自然的好奇；能同时进行日光浴、空气浴，有益幼儿的身心健康。

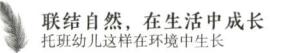

故事：湾湾岛的故事

——户外自然环境的探究

故事时间： 2019 年 9 月

故事地点： 沙水泥池

故事作者： 上海市静安区大宁国际第四幼儿园　董岱丽　丁　瑾

故事背景：

托班教室门口有一片名叫"湾湾岛"的宽阔场地。这里有沙、有水，还有泥巴地，大片的沙地包围着水池，弯弯的水池又围绕着一片泥地。推开门，孩子们就能看见这里，自己脱鞋脱袜，赤足进入，感受自然。（图 5-6）

图 5-6　湾湾岛活动区域

故事内容：

　　镜头一：初探沙、水、泥巴……

观察：

小勇赤足走进沙地，蹲下身子，伸手抓起一把沙，看着沙子从指缝里漏出来。接着又抓起一把，看着沙子慢慢流尽。他就这样反反复复，玩了十几分钟。

妞妞和小冰跨过台阶，走向水池。小冰拉着裤脚，一阵风吹来，水池里的水微微泛动,他低下头看着水没过自己的小腿。妞妞走进水池,兴奋地踩了起来,嘴里说着:"我要去小河里玩啦!"

洋洋赤足走在干燥并有些开裂的泥地上。他伸开双手,一步一步慢慢前行;走了几步,他抬起右脚微微屈膝;走到特别硬的地面时,脚趾也翘了起来。(图5-7)

图5-7 在"湾湾岛"游戏

分析:

沙与水是幼儿最为熟悉的,无需成人帮助就能玩起来。幼儿习惯用手探索细小松软的沙子,体验水的流动带给他们肌肤、肢体的触感。

比起沙水,泥巴地对于都市的孩子来说是陌生的。赤足走在泥地里,他们都是小心翼翼的。干裂的泥巴刺激着他们的足底,粗糙的不适感是幼儿对泥地的第一印象,在老师的鼓励和引导下,他们对泥地开始了最初的探索。

回应:

在幼儿用肢体和沙、水、泥充分接触后,教师可逐步丰富活动材料。例如提供不同大小的舀水工具、盛沙容器、小铲子、模具等,支持幼儿在摆弄探索的过程中建构起丰富的经验。

镜头二:泥泞、脏脏的泥地

观察:

一场雨后,泥地变得潮湿、泥泞。暖暖赤足踏入后,发现自己的小脚陷进了泥地。她皱起眉毛,抿着小嘴抽泣起来(图5-8)。教师询问她还想玩吗,暖暖摇了摇头。于是教师抱起她,离开泥地,去往另一块干燥的地面。穿上鞋子后,暖暖笑了,拿起小工具在泥地里继续玩了起来。

图5-8 小脚陷入泥地的暖暖

分析:

每个幼儿对于刺激物的敏感度不同,身体接触刺激物后表现出的反应也有所不同。这种敏感与早期的生长环境密切相关。暖暖不习惯赤足走在黏腻的泥地里,可能是从小没经历过这种感官体验,也可能是对新的刺激物特别敏感。当幼儿出现拒绝、害怕的反应时,我们首先应理解和接纳。

回应:

鼓励幼儿用自己的方式探索。幼儿参与任何类型的活动,我们都要重视他们的需要,了解他们的喜好,支持幼儿用自己喜欢的方式进行探索和学习。如果发现暖暖渐渐地萌发了赤足探索的欲望,教师可以陪伴和示范。如,把自己对泥地的感受告诉孩子。"走进去脚会觉得软软的""感觉就好像用手在玩面粉团",通过引导让幼儿逐渐对新事物从接受到产生兴趣。

镜头三:多变的泥巴

观察:

这段时间,天气时晴时雨。泥地在雨的滋润和阳光的直晒下,有些区域潮湿柔软,形成了小水洼;有的区域被阳光晒干,孩子们在泥地上穿梭行走。当孩子们踩到水洼时,水溅起来发出"噗嗤"的声响。(图5-9)

分析:

大自然就是神秘的魔术师,不同的天气

图5-9 雨后的"湾湾岛"游戏

造就了泥地多样化的特点。逐渐干燥的泥地,也让他们持续获得新的感受。孩子们在泥地里行走、体验和发现,他们的各种感官都参与其中,经验越来越丰富。

启示:

- **自然环境资源,让幼儿的感官探索得到满足**

幼儿从出生前就开始使用感官认识周围的世界。他们被称为天生的感官探索者。沙、水、泥,是大自然原生态的资源,为幼儿提供了多样、天然、丰富的探索条件。幼儿在玩耍过程中,让触觉得到全面多元的刺激。用手玩、用脚玩,通过肢体的粗大动作及精细动作,幼儿们在"湾湾岛"的环境中获得了大量感官体验,接受了大量信息并传送给大脑,促进大脑神经元更强地连接,并建立起认知的基础。

- **顺应和等待,让幼儿成为探索的主导者**

教师作为一名教育者,经常会不由自主地变成幼儿探究过程的"主导者"。幼儿在宽松、自由的环境中,以自我的快乐和满足为目的,根据自己的兴趣需要自由选择并开展活动。教师应顺应幼儿需求,学会等待,留给幼儿充足的时间与空间,支持他们以自己的方式学习与探究。

故事：有趣的光影游戏
——在室内持续探索光和影

故事时间： 2019年10月—12月

故事地点： 活动室

故事作者： 松江区方塔幼儿园　陆文静

　　　　　　松江区佘山第二幼儿园　顾菁

故事背景：

活动室的窗台上摆放着各色瓶子，幼儿拿起来，好奇地看看、瞧瞧；窗户上张贴了彩色（以"红、黄、蓝"三原色为主）玻璃纸……（图5-10）

图5-10　活动室区域环境

故事内容：

镜头一：突然闯入的"小鱼"

观察：

清晨的一缕阳光洒进窗户，透过窗户上的彩色玻璃纸，将"小鱼"的造型投射在地面上。天天的目光被地面上的"小鱼"吸引了，她蹲下看看，抬头找找，反复地低头抬头，突然她笑出了声，目光停留在窗户上的"小鱼"，她发现了地上"小鱼"的来源。

分析：

天天有着强烈的好奇心，她看到新奇的现象出现总是想一探究竟。天天仔细观察周围环境，寻找和地面"小鱼"相似的图案，发现了地上"小鱼"和墙上"小鱼"的相似之处，都是鱼、轮廓相像，于是开始建立物体和现象之间的联系。这一新发现会激发她更主动地关注周围环境。（图5-11）

图5-11 幼儿对地面上的光影现象感到好奇

回应：

之后，我悄悄取下几张窗户上的玻璃纸放在窗台上，还提供了合色棱镜，看看天天和其他幼儿是否会关注环境中的新变化。

镜头二：世界变成彩色的了

观察：

游戏中，天天发现了窗台上的玻璃纸，拿起来盖在眼睛上，她的行为引起了点点的注意，点点也去窗台上拿了玻璃纸放在眼前。（图5-12）

优优把两个合色棱镜并排放在窗台上。阳光下的合色棱镜周围出现了一圈亮光，优优"咦"了一声开始左看

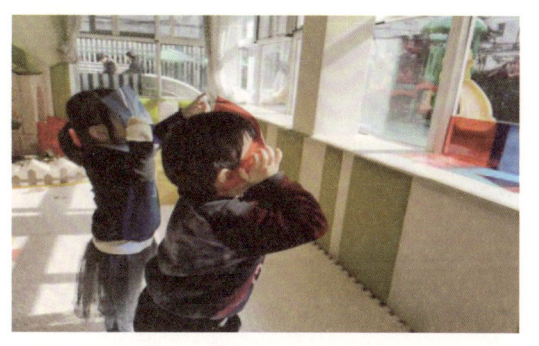

图5-12 幼儿对彩色玻璃纸充满探索兴趣

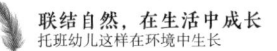

看、右看看。一边的元宝突然叫起来："哇,好漂亮啊!"原来墙面上出现了许多不同颜色的小光点,优优看到,伸出手摸了摸合色棱镜。元宝也走过去摸一摸合色棱镜,发现小光点不见了。

分析:

天天是一位对新材料非常敏感的小女孩,并对新材料有持续探索的兴趣。这一行为吸引了其他小伙伴(点点)的关注和加入,操作摆弄彩色玻璃纸与合色棱镜所引发的现象更是吸引了更多小伙伴的关注,大家保持持续探索的兴致。渐渐地,优优与元宝逐渐获得了彩色小光点与彩色玻璃纸、合色棱镜之间的联系的经验。

回应:

接下来几天,我并未对这些材料进行变动,而是继续静静地观察:幼儿们会与这些材料发生哪些互动?这些材料还会引发天天、点点、元宝与优优更多的好奇与探索行为吗?还会吸引其他幼儿来参与探索吗?

启示:

- **巧用材料适时支持**

2—3岁的幼儿正处于充满好奇心的探索阶段,对新奇事物特别感兴趣,并能主动探索。将彩色瓶子、玻璃纸等幼儿常见的材料,从地面转移到窗台、从桌面转移到窗面,经过太阳光的照射会产生彩色的影子;材料放在不同的地方,会产生不同的效果,发挥出不同的作用。这引发了幼儿的强烈兴趣,激发幼儿开始了一系列的好奇和探索行为。

- **给予空间满足探索**

宽松的环境、熟悉的材料、充足的时间,容易吸引并满足2—3岁的幼儿进行反复操作与摆弄。幼儿对摆弄中产生的各种现象感到无比的兴奋与满足。同时,有趣的现象会吸引更多幼儿的关注与兴趣,让幼儿在游戏的过程中自主交流与互动,维持探索的兴趣。

教研案例：

利用户外环境支持托班幼儿的主动探索

中国福利会幼儿园　杨芳

松江区教育学院　徐吉来

一、选题动因

(一) 现实问题与实际问题的简析

幼儿是天生的探索者，他们对周围环境充满好奇，愿意主动探索与尝试。教师需要做的是，基于观察，在保证安全的前提下，尊重和满足幼儿渴望探索和理解事物的天性，创设丰富多元的环境，提供可以支持幼儿主动探索体验和认知发展的材料，让幼儿尽情玩耍，满足他们的好奇与探索兴趣。

中国福利会幼儿园有着丰富的托班经验。作为项目组实践园，园所围绕"支持托班幼儿好奇与探索的兴趣"开展了深入的实践研究：

1. 学习并实践了幼儿行为观察的内容、方法以及观察记录的撰写，理解每一个独特的幼儿。

2. 基于观察与图式理论，开展了分析幼儿行为背后的兴趣与发展水平，调整优化环境与材料，支持幼儿的好奇与探索兴趣的丰富实践。

3. 积累了一定的实践经验与系列案例，为进一步研究奠定了基础。

待调整：之前的研究重点集中在室内环境创设与优化，围绕利用户外环境支持幼儿好奇与探索进行了初步尝试，但实践研究不够深入。如何优化户外环境，引导幼儿主动与户外环境互动；如何将室内外环境有效连通，是中国福利会幼儿园需要继续深入研究的内容。

松江方塔幼儿园已经有二十多年托幼一体化办园模式的经验，积累了较丰富的托班教养活动经验。近两年松江区由原来的只有一所幼儿园开设托班拓展到八所幼儿园开设托班，呈现逐渐增加的趋势；同时，松江区的幼儿园将研究的重心落在"基于观察的托班一日活动的实施",在"观察——识别——回应"的过程中优化各类教养活动,并积累了一些经验,但仅重视室内活动的实践研究是不够的,急需在户外活动的实践研究中有所突破。

基于此背景,在市项目组的带动与引领下,中国福利会幼儿园与松江区托幼一体化项目组开展了联合教研,以期优势互补,共同进步。

(二)教研活动主题的思考与确定

大自然是幼儿天然的游戏场所,能极大地满足他们好奇与探索的天性,让他们充实发展、全面发展、和谐发展。但如今的幼儿更多地生活在人为构建的环境中,幼儿园里也同样存在这样的现象,教师把过多的精力放在如何创设室内环境上。如何把亲近自然的权利还给幼儿,发挥户外环境对幼儿发展的特殊意义,是我们面临的问题与挑战。中国福利会幼儿园凭借园内良好的户外环境,前期已经开展了一些利用户外环境支持幼儿好奇探索的尝试,如:欢乐水世界、玩树叶、草地探秘等。本学年在对观察、分析做回顾与继续研究的基础上,按"观察——分析——调整",进一步优化利用户外环境支持幼儿好奇与探索兴趣的策略。松江区托幼一体化项目组前期开展了观察幼儿在室内环境中与材料互动的表现,分析与解读幼儿行为,追随幼儿兴趣与发展水平而调整环境与材料等研究,教师积累了"观察——识别——回应"的经验。因此,利用户外环境支持幼儿好奇与探索是我们共同需要进一步研究实践的内容。

经过反复讨论,我们将联合教研主题确定为"利用户外环境支持托班幼儿的主动探索"。依据鲜活而生动的实践案例,将相关理论引入研讨活动中,引导教师准确"观察——分析——理解"幼儿行为,再回到实践给予幼儿恰当的回应与支持。"实践——理论——反思——再实践"的过程,是促进理论与实践相互融合的有效途径。在总结前期教研活动经验的基础上,我们采取"反转课堂"的方式,将理论部分作为教研活动前期"预习"材料,让教师先有理论准备,再参与实践分析,提高教研活动效率。

二、预期目标

1. 对幼儿与户外环境材料的互动内容及方式进行"观察——分析——理解",研讨给予幼儿好奇探索行为恰当支持的有效方法,提升教师的专业水平。

2. 研讨基于实证的案例如何撰写,积累鲜活案例,丰富托班教养活动资源。

三、整体规划

由中国福利会幼儿园托班教研组组长和松江区托幼一体化项目组组长策划、设计教研活动方案,经中国福利会幼儿园园长和松江区学前教研员共同审核,并协助托班教研组实施教研活动。围绕本次教研主题,团队开展了以下教研活动。

表 5-1 教研活动具体安排

序号	活动内容与要点	活动层级	时间
1	基于观察,如何分析解读幼儿行为背后的兴趣与发展水平(图式理论回顾) 以"有趣的小路"为例(中国福利会幼儿园前期活动案例)	区际教研 (中国福利幼儿园) (松江区托幼一体化项目组)	2020.3
2	如何充分利用户外环境,支持幼儿全身与多种感官参与探索活动 以"草地探秘"为例(中国福利会幼儿园前期游戏案例)	园级教研 (中国福利会幼儿园)	2020.4
	如何充分利用户外环境,支持幼儿全身与多种感官参与探索活动 以"户外沙水游戏"为例(松江区托班前期游戏案例)	区级教研 (松江区托幼一体化项目组)	
3	如何充分利用户外自然材料,支持幼儿自由选择和多种方式使用 现场活动观摩—研讨(中国福利会幼儿园托班)	园级教研 (中国福利会幼儿园)	2020.5
	如何充分利用户外自然材料,支持幼儿自由选择和多种方式使用 现场活动观摩—研讨(松江区方塔幼儿园托班)	区级教研 (松江区托幼一体化项目组)	
4	如何营造充满信任关系的环境并搭建鹰架,支持幼儿主动探索与表达表现 以"好玩的树叶"为例(中国福利会幼儿园前期游戏案例)	园级教研 (中国福利会幼儿园)	2020.6
	如何营造充满信任关系的环境并搭建鹰架,支持幼儿主动探索与表达表现 以"户外光影游戏"为例(松江区托班前期游戏案例)	区级教研 (松江区托幼一体化项目组)	
5	利用户外环境支持托班幼儿的主动探索(主动学习理论、支持幼儿主动学习的方法的梳理与小结) 活动现场视频观看研讨(中国福利会幼儿园戏水游戏)	区际教研 (中国福利会幼儿园) (松江区托幼一体化项目组)	2020.9

(续表 5-1)

序号	活动内容与要点	活动层级	时间
6	怎样将自然材料和自然元素融入幼儿户外活动(走进自然、探索自然,室内活动移至户外开展,将自然元素引入室内)以"和落叶树影做游戏"为例(普陀区早期教育指导中心案例)	园级教研(中国福利会幼儿园)	2020.10
	怎样将自然材料和自然元素融入幼儿室内外游戏(走进自然、探索自然,室内活动移至户外开展,将自然元素引入室内)以"弯弯岛的故事"为例(静安区大宁国际第四幼儿园案例)	区级教研(松江区托幼一体化项目组)	
7	案例整理与分享,回顾案例撰写方法,分享交流优秀案例(以中国福利会幼儿园教师的案例为例)	园级教研(中国福利会幼儿园)	2020.11
	案例整理与分享,回顾案例撰写方法,分享交流优秀案例(以松江区托班教师的案例为例)	区级教研(松江区托幼一体化项目组)	
8	阶段交流——充分利用自然环境支持托班幼儿的好奇与探索	区际教研(中国福利会幼儿园)(松江区托幼一体化项目组)	2020.12

四、本次活动设计

(一) 目标与内容

本次为第 5 次教研活动,教研主题为:利用户外环境支持托班幼儿的主动探索。

表 5-2 教研活动具体内容

教研主题	利用户外环境支持托班幼儿的主动探索				
活动目标	1. 了解"主动学习"理论,在幼儿户外游戏中准确观察、分析、理解幼儿行为,并给予幼儿恰当的回应与支持 2. 通过分析"踩水塘""好玩的水"案例,梳理户外环境中支持托班幼儿主动探索的方法				
活动时间	2020.9.26	活动地点	中国福利会幼儿园	学段/学科	学前教育
设计团队	中国福利会幼儿园园长、托班教研组长,松江区分管 03 研训工作的教研员、托幼一体化项目组组长				
参与对象	中国福利会幼儿园园长、托班教研组长与托班教师,松江区分管 03 研训工作的教研员、托幼一体化项目组托班教师				

(二) 活动准备

1. 资料准备

(1) 教研活动预告单

(2) 教研活动反馈单

（3）现场教研活动设计方案

（4）教研活动PPT，"踩水塘""欢乐水世界"视频

（5）游戏材料（卡片3套，相关PPT）

2. 经验准备

前期的区际联合教研和园本教研中，教师们积累了相关经验：了解了户外环境对幼儿成长的意义与作用；在保证安全的前提下户外环境的所有元素都可以成为托班幼儿认知与探索的对象。本年度我们的教研活动也围绕主动学习的要素分别进行了研讨：尽可能调动幼儿的全身与多种感官参与活动，让探索学习随时发生；尽可能保证幼儿在材料选择、材料的操作方式等方面的充分自由；营造充满信任关系的环境，搭建鹰架，尊重并支持幼儿用语言、手势等表达感觉、发现与想法。本次教研活动前，请教师预习了关于"主动学习"的理论。

3. 流程设计准备

（1）游戏导入

在破冰游戏中促进中国福利会幼儿园与松江区托幼一体化项目组的教师们主动交流，尽快熟悉，增进了解，初建团队意识，并为后面的研讨活动分组。通过观察中产生视觉错觉的现象，揭示观察时要关注现象、背景、细节，善于从不同角度、不同侧面观察事物总体，才能真正理解事物与现象本质的道理。

（2）教研回顾

中国福利会幼儿园与松江区托幼一体项目组各自对前期教研内容做简要回顾与小结，并互相交流分享。

（3）今日主题

以"反思——联结——实践——认同"四个模块进行研讨，希望能促进教师实践与理论的联结，提高教师用理论分析、解读幼儿游戏行为的自觉性与能力，以期更好地创设环境与利用材料，支持幼儿的好奇与探索。

（4）预告下次教研内容

提前预告后期教研主题与内容，希望教师带着问题进行实践，为下次教研活

动做好准备。

五、本次活动实施

(一) 游戏导入

1. 游戏一：我的朋友在哪里

游戏玩法：组员进入会场，每人拿一张小卡片，小卡片为完整卡片的六分之一。通过询问、展示、合作找到其他五位成员，将手中的卡片拼成一幅完整的图片，达成"联盟"坐下来。迅速熟悉本小组成员，并由拿到有特殊标记卡片的人担任组长。

2. 游戏二：蓝月亮黄月亮

游戏玩法：观察"蓝月亮黄月亮"PPT第一页，判断两个月亮的颜色；观察去掉背景的两个月亮，将前后的判断对比。其实两个月亮的颜色完全相同，我们之所以产生月亮颜色不同的错觉，皆因背景所致。

游戏启示：观察，是教师专业性的体现。希望大家在本次活动中注意幼儿游戏情景，全面、立体、细致地观察分析幼儿的行为，以便在以后的游戏中给到幼儿适宜的回应与支持。

(二) 教研回顾与经验分享

1. 松江区托幼一体化项目组：在户外活动中，基于观察进行分析与支持，充分调动幼儿多种感官的参与。

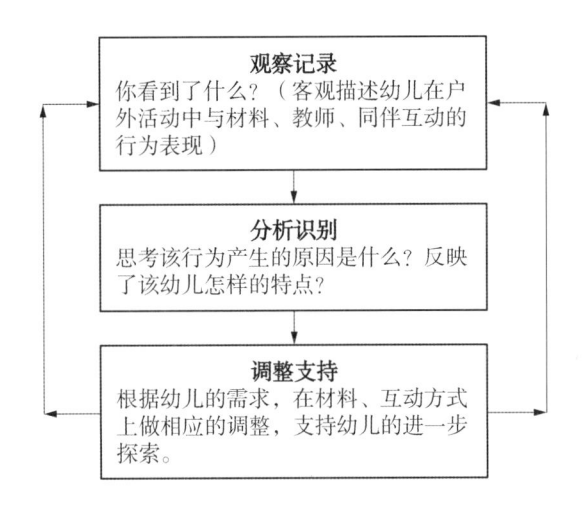

```
┌─────────────────────────────┐
│ 观察记录                     │
│ 你看到了什么？（客观描述幼儿在户 │
│ 外活动中与材料、教师、同伴互动的 │
│ 行为表现）                   │
└─────────────────────────────┘
            ↕
┌─────────────────────────────┐
│ 分析识别                     │
│ 思考该行为产生的原因是什么？反映 │
│ 了该幼儿怎样的特点？          │
└─────────────────────────────┘
            ↕
┌─────────────────────────────┐
│ 调整支持                     │
│ 根据幼儿的需求，在材料、互动方式 │
│ 上做相应的调整，支持幼儿的进一步 │
│ 探索                        │
└─────────────────────────────┘
```

2. 中国福利会幼儿园：自然与幼儿的关系，引出"水"这一自然元素。

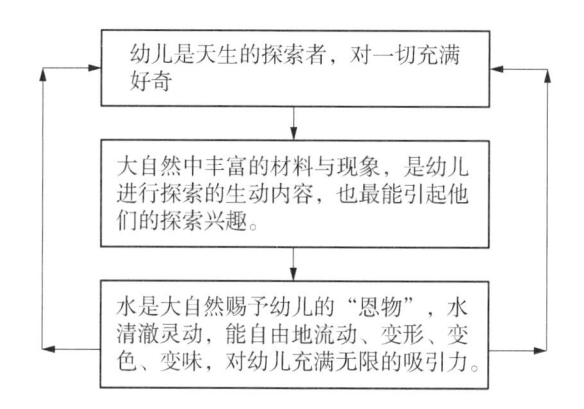

```
幼儿是天生的探索者，对一切充满好奇
         ↕
大自然中丰富的材料与现象，是幼儿进行探索的生动内容，也最能引起他们的探索兴趣。
         ↕
水是大自然赐予幼儿的"恩物"，水清澈灵动，能自由地流动、变形、变色、变味，对幼儿充满无限的吸引力。
```

(三) 今日主题

1. 反思——寻找亮事实

游戏视频"踩水塘"是一个 2 岁 3 个月幼儿在雨后地面积水的坑里踩水玩的视频，请教师们观看"踩水塘"视频 2—3 遍。（见下方二维码）思考并讨论：

（1）你看到了什么？（请从环境材料、行为表现等方面观察）

（2）幼儿是在主动学习吗？请尝试用主动学习理论做简单说明。

展示研讨：

幼儿踩水

教师 A：我认为这个幼儿是在主动学习。这段视频中，幼儿在玩，在反复地体验用脚踩出水花的快乐，在这个过程中获得了"用力踩—水花溅得高"的体验。

教师 B：通过视频可以看到，这是雨后，幼儿看到"小水塘"后自发自主的行为；幼儿用自己的身体开始探索，比如他用双脚轮流踩水，第一下踩得轻，水花溅得低，第二下踩得重，水花就溅得高，水花高过了幼儿的头顶，感知体验脚踩水的力量与水花高度的关系；也因为家长的理解、接纳和欣赏，给到了幼儿自主游戏的支持。家长在一旁默默拍摄视频观察记录幼儿游戏，没有因为玩水会弄湿衣服制止幼儿的探索行为，营造了宽松、信任的心理环境。

教师 C：幼儿是在主动学习。这个幼儿的踩水游戏，其实是偶然发生的。就是下雨后幼儿从爸爸妈妈的车里下来，刚好看到了地上的"小水塘"，于是自然发生了主动探索活动。所以大自然是幼儿主动学习的最佳场所,幼儿的探索随时随地发生。

小结:自然的环境,成人的理解和欣赏,都为幼儿提供了主动学习的可能。

2. 联结——融入新观点

幼儿发展理论中关于主动学习的理论有:

(1)高瞻主动学习理论:0—3岁幼儿通过主动与他人、事物及观念互动来构建他们对世界的理解;养育者的任务是帮助幼儿构建自身对世界的理解。幼儿主动对环境进行探索和学习,能进一步促进幼儿对世界的理解。

(2)罗纳德·拉里:(婴幼儿)他们带着与生俱来的学习探索的主动精神,他们对知识有着无止境的渴求,他们从自己的所见、所听、所感、所尝及所触中学习。而且,他们做这些事情无须奖励。

3. 实践——回到活现场

视频案例研讨:"欢乐水世界"。

(1)"回到现场":观看戏水游戏视频

背景介绍:这是中国福利会幼儿园今年9月新入园的托班幼儿第一次戏水的视频。视频真实地再现了幼儿"有距离感——主动互动——尽情玩耍"的过程,其中出现了许多幼儿的探索行为。

(2)将主动学习要素设计成几个问题,根据前面的破冰游戏,教师分成了三组,每组自主选择一个问题作为观察重点,带着问题有针对性地观察。

问题①:你看到了哪些材料?幼儿是自主选择材料的吗?他们是怎样与材料互动的?(单一玩法或一物多玩)请举例说明。

问题②:幼儿是用全身和多个感官参与游戏的吗?怎样玩的?获得了哪些体验和经验?请举例说明。

问题③:游戏中保教人员有哪些尊重、接纳、鼓励、支持幼儿游戏的行为?请举例说明。

(3)"轮到你了":各小组分享交流观察与研讨的情况。

小组一：关于材料的观察分析。

组长交流：戏水的大环境以喷泉为基础，我们还提供了装水的大整理箱、在旁边的雕塑娃娃身上涂上了颜料等。我们观察到今天的戏水游戏，教师至少提供了十种以上的戏水材料，如：水枪、水壶、水桶、水杯、会漏水的杯子、海洋球、游泳圈等。幼儿的游戏状态非常真实，从原地站立、观望、哭泣、胆怯到后面"渐入佳境"，开始主动互动、自由走动、大胆玩耍，100%的幼儿都参与到戏水的游戏中。幼儿完全自主地选择玩具与材料，与材料的互动方式也呈现出多样化，至少有七种以上的动作图式：填满、倾倒、抽拉、扔、放、踩、压等。操作材料时表现出许多一物多玩的情况，如：水枪——给雕塑娃娃洗澡，给老师洗脚、洗手、冲击地面、天空，当作喷泉；水桶——装水、倒水、给雕塑娃娃洗澡等；海洋球——放入整理箱里漂浮、扔到喷泉上被水冲走、放在水柱上被水柱顶起来；还有用会漏水的杯子装水的探索等。教师在环境与材料上的用心，让幼儿在戏水游戏中玩得开心。

小组二：关于身体与感官参与游戏的观察分析。

组长交流：幼儿的身体与感官积极参与戏水，获得了比较丰富的感官体验。

所见——视觉。游戏中幼儿获得了丰富的视觉体验。活动中最吸引幼儿的是音乐喷泉，水柱向上喷射的高低变化，水自上而下地落下，水在地面上流动与消失，让幼儿获得了丰富的视觉体验。

所闻——听觉。在游戏中，幼儿们的耳朵听到了不同的水声。如：倒水时的哗哗声；水枪中的水射在不同表面（地面、脸上、雨衣、水中）上发出的不同声音；各种鞋子（套鞋、拖鞋）踩水时发出不同的声音；随着音乐的节奏，喷泉水柱向上喷射的高度不同发出的时有时无、或响或轻的水声等。

所触——触觉。水的不同刺激让幼儿获得了丰富的触觉感受。手：捧一捧水——水会从指缝中流失；拍一拍水——会溅起水花；抓一抓水——抓不起来……获得丰富的手部体验。脚：穿着雨靴玩，不能直接感受到水；脱掉雨靴，赤脚与水直接亲密接触；反复地尝试踩喷泉口的洞洞，体验水凉凉的、痒痒的感觉，感受水对脚底的不同冲击力。

小组三：关于教师心理鹰架支持的观察分析。

组长交流：保教人员始终有饱满的热情、温暖与友善的态度，参与并引导幼儿游戏。营造温馨、接纳、信任的人际环境，通过鼓励、参与游戏、及时回应等提供鹰架支持。

回应：对幼儿行为及时作出回应。一个幼儿试图把球放到喷泉的水柱上，几次都失败了。教师介入，开始了平行游戏。教师自己拿着球放在喷泉水柱上，幼儿自发模仿，并找到球可以被水柱顶起来的位置。

共同参与：对幼儿游戏感兴趣。两个幼儿想踩喷泉玩，开始有点胆怯。教师就牵着他们的手一起踩喷泉，然后慢慢放手，让幼儿自己踩水，两个幼儿发现脚能堵住水柱，手也能堵住洞洞。

共情：和幼儿的交流温暖而友善。一个幼儿开始一直哭，保育员抱着他来到喷泉旁，用手拨水逗他一起玩，直到他停止哭泣，自己玩水。

肢体互动：和幼儿有温暖的身体互动。游戏中教师一直在与幼儿积极互动。如：一个教师看到幼儿在玩水枪，就鼓励他给自己洗脚、洗手，幼儿随后玩得非常开心。

鼓励：鼓励幼儿解决问题。教师创设了问题环境——给旁边的雕塑娃娃身体涂上了颜料，然后引导幼儿用各种工具装水去给娃娃洗澡。其中一个一直在旁边观望的幼儿主动向老师要水桶，给娃娃洗澡。

（4）"小结梳理"：主动学习五要素。

① 材料：有丰富且适宜的材料让幼儿以多种方式使用。（单一玩法或一物多玩）

② 操作：幼儿动用整个身体和多种感官操作材料。

③ 选择：幼儿自己选择材料，决定怎样操作这些材料。

④ 交流、语言和思维：幼儿用自己的语言、手势等表达感觉、发现与想法。

⑤ 鹰架教学：教师尊重、接纳、鼓励幼儿，让幼儿在充满信任的环境中探索学习。

（5）"思维碰撞"：头脑风暴，畅所欲言。

思考①：请对照主动学习要素，说说玩水游戏中幼儿的主动学习是否充分？你有什么调整建议？

展示研讨：

教师A：服装稍作调整会让幼儿的主动学习更充分。游戏中幼儿穿着雨衣活动，感觉会有些不方便，且闷热。9月份气温较高，建议幼儿穿自己的衣服，更方便活动，还能感受到喷泉溅在皮肤上凉凉的感觉。

中国福利会幼儿园教师回应：谢谢这位老师的建议。这天刚好有点降温，又考虑减少幼儿感冒机率，所以让他们穿了雨衣。在天气允许的情况下，我们会让幼儿穿上自己的短衣短裤，赤脚与水亲密接触。

教师B：教师积极的引导能引发幼儿更主动地探索。我是这个活动的组织者之一，因为是新入园的托班幼儿第一次玩水，游戏刚开始，幼儿还有些怕水，与水有距离感。我们就用自己的热情、肢体动作带动幼儿共同游戏，鼓励、引导幼儿逐渐走近喷泉，开始主动与水互动。

教师C：后面教师还可以在观察的基础上优化调整。比如，教师要观察哪些材料是幼儿喜欢的、百玩不厌的，哪些材料是幼儿不太感兴趣的，根据幼儿的兴趣爱好更换玩水材料，动态调整材料，让它们始终保持新鲜感与吸引力，让幼儿的戏水游戏充满乐趣。另外，一些大型玩具水枪是否适合托班幼儿，还需要进一步观察。托班幼儿年龄较小，手的控制力和手部肌肉不太灵活，是否可以调整为便于托班幼儿抓握的水枪。

思考②：每个幼儿园的环境条件都是不一样的，中国福利会幼儿园江湾部、前滩部，松江区的各幼儿园可以怎样因地制宜开展玩水游戏呢？

展示研讨：

教师A：运用自然资源玩水。幼儿园草坪旁有两个水缸，专门用来储存雨水的。我们可以提供一些小工具，让幼儿尝试着用这些小工具给草地上的花草树木浇水，同时又可以使幼儿对大自然的现象感兴趣。

教师 B：共享幼儿园沙水游戏资源。幼儿园的沙池旁有一个水池，之前没有很好地利用它让幼儿尽情玩水，一是担忧托班幼儿还小，不敢让他们这样玩；二是没有重视玩水对幼儿的发展价值。通过本次教研，后续我们要充分利用好这一环境，满足他们对水的探索兴趣。

教师 C：幼儿园户外场地小，可提供各种生活用品给幼儿玩。我们幼儿园户外活动空间非常小，没有水池、沙池，但是我们可以在有限的空间里提供给幼儿玩水的条件，例如我们可以提供塑料小水池、大大小小的瓶瓶罐罐、让幼儿自由玩水，满足幼儿探索的欲望。

教师 D：玩雨水。幼儿园户外空间比较小，但我们可以利用沙水区、彩盆玩水，在多功能塑胶场地上玩雨水，还可以利用涂鸦水幕墙玩水。

4. 认同——梳理好经验

(1) 提问：户外大自然还有许多的环境和材料是幼儿探索学习的生动场所，从今天以"水"为内容的主题教研中，你获得了什么启发？

展示研讨：

教师 A：丰富多彩的户外自然环境是幼儿探索学习的生动场所。如：幼儿园大草坪的小草（一年四季中有枯荣变化）、草地里隐藏着的各种昆虫等，都是幼儿探索的对象。同时，草地探索充满野趣，会萌发幼儿对大自然的热爱，从而使幼儿获得对大自然主动探索的不竭动力。

教师 B：教师的语言是激发幼儿主动学习兴趣的钥匙。鼓励的语言能让幼儿对自己充满信心，启发的语言能引导幼儿动手动脑与环境材料积极互动，肯定的语言能让幼儿体验到成功的快乐。

教师 C：教师要营造信任的人际环境，支持幼儿主动探索。幼儿自发、自主的探索行为在某些时候可能会让人感觉"幼稚""捣蛋"，教师要尊重、理解、接纳、欣赏幼儿的这些行为，让幼儿在充满温馨、亲切、信任的氛围里主动学习。

教师 D：基于观察，不断调整优化环境与材料。幼儿的兴趣会随时间的推移发生改变，幼儿的体验与经验也会不断积累与丰富，教师要善于捕捉幼儿的兴趣与经验的变化,动态调整和优化环境、材料。

教研组长:户外大自然中的花草树木、鸟叫虫鸣、沙与水、光与影都可以成为幼儿主动学习的内容。我们要做的就是把幼儿带进大自然,提供适宜的环境材料,让幼儿有尽情玩耍的机会。教师的重点就是观察与支持。

(2)教研小结:利用户外环境支持托班幼儿主动探索的方法如下。

① 充分利用户外环境中的各种自然元素(沙与水、光与影、花草与树木、鸟叫与虫鸣等),提供丰富且适宜的游戏材料。支持幼儿的主动探索。

② 基于观察调整与优化户外环境与材料,鼓励幼儿用整个身体、多种感官投入到与户外环境材料的互动中。

③ 户外探索游戏中,教师要给到幼儿充分的自主选择的机会(材料、材料的玩法、与材料互动的方式、与谁一起玩等)。

④ 户外探索游戏中,教师要观察、分析幼儿用动作、语言表达的需求、感觉、探索发现和想法,并给予适当的回应与支持。

⑤ 户外探索游戏中,教师要尊重、接纳幼儿,营造充满信任关系的氛围,让幼儿在令人舒适的人际环境中探索学习。

⑥ 户外探索游戏要以保证幼儿的生命健康与安全为前提。

5. 预告下次教研内容

主题:怎样将自然材料和自然元素融入幼儿室内外活动。

走进自然、探索自然,室内活动移至户外开展,将自然元素引入室内,从这三个方面开展探索与研究,并请教师整理相关案例。

六、反思与分享

(一)证据呈现

活动结束时请参与教研的教师对本次教研活动进行评价。从问卷的结果来看,无论是教研的内容、教研的形式还是互动的效果,满意率都是100%。以下摘取自部分教师的评价:

1. 这次活动收获很多,区际联合教研,不仅开阔我们的眼界,而且让我们的理念发生改变,怎样让幼儿成为真正的探索者,让他们在自然环境中获得更多,教师不应该有太多的干预,应让他们有更好的体验。户外环境有更多的探索空间,幼儿在其中更愉悦、更有探索欲望,教师后期对于自然资源要有深刻的考虑与实践。

2. 通过这次教研活动,经验共享,教师拓展了思路和经验,让我们看到幼儿更多的可能性。一方面,我们明晰了幼儿作为一名主动的学习者,教师要做到"多"观察、"少"介入、"真"引导;另一方面,户外活动的空间不局限于操场和固定材料,可以是常见的生活场景,贴近幼儿的日常生活。

3. 作为青年教师,这样的教研活动让我的理念发生了改变,其实幼儿有很强的自主探索能力,要相信他们喜欢玩、会玩,适时放手,让幼儿成为主动学习的探索者。

4. 户外环境给予幼儿更大的游戏空间,幼儿的愉悦感会更强,他们会更乐意参与其中。

5. 转变了教师的理念。让我们了解了如何让幼儿在自然的环境中进行充分的探索。虽然活动是比较自由自主的,但是幼儿也能在自主学习的过程中,有所收获。

6. 联合教研,给予我一个崭新的平台,与有丰富托班研究经验的中国福利会幼儿园的老师进行智慧碰撞,让我获益匪浅。希望这样的教研能更多一些。

(二) 收获与共识

本次教研活动在教研形式上有所突破,将松江区托幼一体化项目组与中国福利会幼儿园的托班教研组联合起来开展区际教研。在前期不断沟通,确定教研主题与教研方式,采用有分有合的方式展开,通过这样的联合教研,不仅实现了经验互享,又能保持各自的教研风格与教研成果,在教育理念方面达成共识,且能利用各自区域优势创设满足幼儿充分探索的户外环境,满足幼儿主动探索的愿望。

本次教研是在前期各自研究基础上,以中国福利会幼儿园"好玩的水"的案例为观察对象,以"主动学习五要素观察表"为分析依据,让两区的教师在仔细观察的基础上进行行为识别,以幼儿发展的眼光判断幼儿的游戏行为,从而不断调整回应策略。教师形成了创设户外环境的思维路径,并积累生动的案例,为后续活动的开展提供了可借鉴的经验。

(三) 问题与分析

本次活动预设的目标基本达成,但因为是区际联合教研,两区的距离远,因此区际联合共同教研的机会少;同时由于各自的带班经验不同,因此在共同教研时,彼此的熟悉度不够,在研讨互动时稍显生疏。

(四) 完善与推进

1. 在教研方式上的进一步拓展:由于地理位置的限制,除了现场教研的方式之外,后期可以多采用网络教研的方式开展,随时可以将各自的研究成果进行分享。

2. 教研成果的辐射分享:历时一年的联合教研,形成了一定数量的鲜活案例,后续将以文本或者线上资源的形式进行辐射与分享。例如,在松江区"云间学前研训"、中国福利会公众号上进行发布,让更多的托班教师进行借鉴学习。

| 教研现场一 | 教研现场二 | 教研现场三 |

第六章

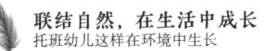

提供充分的机会让幼儿感受与表现

故事：在乐玩色彩中遇见你
——基于观察的幼儿艺术环境创设与调整

故事时间： 2019年10月—11月

故事地点： 户外玩色区

故事作者： 虹口区婴幼儿早期教育指导中心　夏旻

故事背景：

10月秋高气爽，教师们将活动室里的玩色区域搬到户外，空间的改变让玩色区域变得更为开放，玩色的内容也随之丰富多样。

在室外，每个玩色区域之间没有任何隔断，这方便幼儿在玩色时自由走动，自主选择在哪里玩。提供的小拖把、苍蝇拍、小滚筒等日用品都可以成为幼儿随手可玩的拓印工具。

故事内容：

镜头一：户外玩颜色

观察：

户外的地上铺着一张大大的白纸，几个孩子拿起拖把开始"拖地"；两个孩子发现苍蝇拍，看了又看后拿起它们在地上拖拉，纸上留下黄黄的痕迹。

凡凡来到"刷墙区"，他看见地上的滚筒，慢慢拿起，在"墙上"滚了几下；清清早已用教师自制的海绵刷在白白的纸上留下了深深的红印，此刻她右手拿着胡萝卜,左手拿着炫彩棒,双手齐上阵,红艳艳的色彩落在纸上;凯凯蹲在地上用红色炫彩棒来回画着圈,纸上出现了深深浅浅的红色螺旋线。(图6-1)

图6-1 玩起来

可此时,在不远处的拍拍区却孤零零的无人问津。

分析:

户外青青的草地、温暖的阳光,让这群刚来园不久的幼儿变得轻松自然,他们被眼前的物品所吸引,自主把玩着,伴随着不同的动作,快乐的体验也随之而来。

虽然,有一些区域无人问津,但教师并没有用语言、动作吸引幼儿去尝试,而是耐心等待。教师知道幼儿需要时间去探索不同工具所带来的美感体验,教师此时的不打扰满足了幼儿的自我尝试;教师的不干预顺应了对幼儿专心玩的呵护,也是对幼儿自主玩色的尊重。

可能平面桌上仅放着白纸和几根绳子,幼儿根本看不懂。显然,这样的创设不能顺应幼儿直觉式的思维特点。

回应:

保留无人问津的玩色区,增加一个垂直的、用手拍打就能发现色彩的玩色平台,并将它安放在紧邻低矮三脚架的玩色区,让幼儿在不经意的转身中,发现不同的玩色方式。保留幼儿上一次玩色时平铺在地上的纸,让幼儿能反复玩,但在上面增加了一些装有黑色颜料的小食品袋。继续观察是否有幼儿对这一区域产生兴趣。

镜头二：不经意间的发现

观察：

清清正用毛刷蘸着颜料在纸上摆弄，一不小心将身边的一小盆水打翻在纸上，宣纸下面的彩色皱纸的色彩立刻跃然纸上。不经意间的发现，让清清满足于不停地往宣纸上倒水发现颜色，这成了她今天最热衷的游戏。

凯凯将地上黑黑的袋子拿起来、放下、再扔一扔，黑袋子发出"啪啪"的声音，几次摔打之后，凯凯又用脚踩袋子。"嘣"的一声，黑黑的颜料飞溅出来，地上开出朵朵墨菊。同玩的小伙伴停止了摆弄手中的工具，在一边驻足观望。（图6-2）

图6-2 踩踩乐

分析：

拿着工具到处试试是这个年龄段幼儿的特点，玩色的重要经验最初是源自于幼儿在重复动作中获得的满足感，每次尝试可能都会有新的发现，它亦或是纷繁的线条，亦或是美丽的颜色。随着线条的变化、色彩的出现，幼儿的兴趣和好奇心被进一步激发，他们变得更为专注。探究色彩从哪里来，成为了他们继续探索的源泉。

回应：

持续一段时间的玩色，幼儿变得更加大胆与自信。教师觉得增加新媒介的时候到了，于是在原来的桌面玩色区增加了可拖拉的绳子；并将白色纸更换成了黑色纸；还增加了自然物体验区，自然物包括树叶、树枝、水果片和方便粘贴的镜框等；同时准备了欢快舒缓的乐曲，作为幼儿玩色的背景音乐。

镜头三：不一样的美

观察：

舒缓的音乐响起，孩子们三三两两来到各个玩色区，又开始了创作。清清来到拍拍区,发现桌上白色的颜料盘里有绳子,他立刻将绳子拿起来,在黑黑的卡纸上拖拉,毛茸茸的白色线条赫然出现在黑色的纸上。清清将绳子来回拖拉玩了好一会儿。突然清清边玩边说"绳子跳、跳、跳",只见他用拿着绳的手开始上下抖动,白色颜料落在黑色的纸上,呈现出星星点点的图案,煞是好看。

新增加的自然物粘贴区站着几位孩子,他们闻一闻百香果干片、红柚果干片的香味,并试着把它们贴在画框中(图6-3)。

图6-3 不一样的美

俊俊一路小跑离开了玩色区,他来到了拍拍区的玻璃画架前,看着水槽里的水。注视良久,他随后小心地用手指蘸了些水抹在玻璃画架上,几点红色出现了。这样的发现让他更大胆地尝试,玻璃画架上出现了各色的手印。

分析:

幼儿在经历了多次玩色后,动作变得更为娴熟,他们在不断尝试中发现色彩、线条等艺术元素。同时,垂直的操作台更方便幼儿运用手腕、手臂做动作,他们的艺术表现变得更为灵活。新增添的材料也成为了幼儿再一次表现的动力,不同质地的自然物充分调动了幼儿的感官,闻一闻、摸一摸、贴一贴、撕一撕自然材料,滋养了幼儿的感官,也让他们体验到这些材料的独特以及组合后所呈现的多样美。

回应:

一个有吸引力的相对固定的户外艺术区域,给幼儿传递着安全的信息;一件件从陌生变得熟悉的玩色工具和材料,让幼儿在把玩中更加自如。同时,教师需要根据幼儿对材料的熟悉度,慢慢补充新材料,并给幼儿留有足够的时间探索使用每一种材料。显然，当幼儿熟悉了各种媒介的特征之后，他们也做好了探索新材料和使用熟悉的材料进行多样艺术表现的准备。

随着时间的推移，我们在户外玩色区的地面上又增加了一块长长的透明围栏和几把水枪；在自然材料区中增添了白色的超轻黏土筐和异形树脂珠。新工具与材料的出现正向幼儿传达着"邀请"的信息。

镜头四：好玩又好看

观察：

深秋暖洋洋的午后，一群孩子被一大盒白花花的材料所吸引，孩子们头靠着头观望着，几个胆大的孩子，用手指戳着白花花的材料，一个个小洞洞出现了。有的孩子开始用手改变黏土的表面，戳洞、捏、拉……；有的孩子开始将异形树脂珠放在黏土上，白色的黏土上隐隐约约出现了璀璨的光彩；还有的孩子将树叶放在黏土上按压。

另一边，有一群孩子拿着水枪喷射着透明幕布墙，红色、黄色、蓝色的颜料慢慢地流淌下来，滴在纸上。（图6-4）

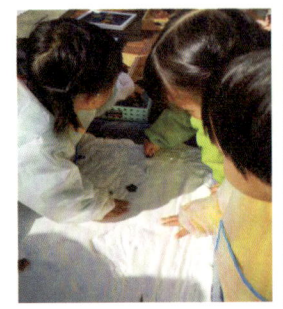

图6-4 好看又好玩

分析：

每个幼儿在接触新材料时都会表现得很不一样，教师应允许幼儿按照自己的意愿使用材料，给予幼儿合适的心理支持。教师如果相信每一个幼儿都是艺术家，不轻易干预幼儿的创作，久而久之幼儿就会变得更自信。在此过程中，同伴与同伴间也开始有了无声或有声的交流,这些交流传递出同伴一起玩、互相学习的气息。

回应:

除了放手与等待,教师还需顺应幼儿的发展,随时增减材料支持幼儿的玩色;以及用有吸引力的方式展示幼儿的作品,如将作品配以精致的画框挂或摆在幼儿目光可及的地方,这无疑是对幼儿作品的尊重,对幼儿的尊重。(图 6-5)

图 6-5　幼儿作品

启示:

- **艺术源自探索,源于生活**

幼儿最初的玩色源于自身满足动作和感知材料的需要。为了更好地熟悉材料,幼儿自觉地调动各种感官进行探索。

艺术在自然界中无处不在,教师只需巧妙利用,就能让幼儿有机会体验自然界的光线、空间、色彩等,有意识地去关注和感受它们的存在。自然的、生活中的艺术材料无处不在,教师只需有心地收集并用心摆放;艺术的美感无处不在,教师只需有一双发现美的眼睛。久而久之,幼儿在与材料的互动中就会从起初只是满足重复动作,到慢慢地被色彩、线条甚至形状所吸引。

- **艺术表现需要时间,源于信任**

幼儿需要充足的时间探索各种工具与材料,才能拥有运用多种工具与材料的能力。教师要通过观察,适宜地增添材料,使幼儿能够有充分的感知艺术、表达表现的机会。教师所提供的机会是尊重,是信任,是对幼儿表现行为背后的解读。

教师给予幼儿的机会,不仅提高了幼儿的能力,更让幼儿对自己的表现产生信心。同时,在观察幼儿使用不同媒介的过程中,教师也能发现幼儿是如何从纯粹地玩到偶然地表现,再到有意识地创作。

故事：器皿交响乐
——运用生活化的发声物支持幼儿感知音乐

故事时间： 2019 年 11 月

故事地点： 托班活动室

故事作者： 中国福利会托儿所　孙晓鸣

故事背景：

小舞台是托班幼儿最喜爱的活动区域，这里有动听的音乐和各种发声乐器。其中三个大小不同的鼓是大家的最爱，经常会有幼儿用小手去拍一拍，敲一敲。

故事内容：

镜头一：一起拍鼓好吗？

观察：

琛琛一走上地毯就拿起铃鼓用手拍了起来，身体和着背景音乐有节奏地摇动。很快，琛琛的动作吸引了其他小朋友的注意，珍宝珠走到琛琛身边，和琛琛一起拿起铃鼓拍起来。两个孩子你拍一下我拍一下，脸上露出灿烂的笑容。拍了一会儿，珍宝珠又从旁边的玩具橱里拿出大鼓并用手拍打，琛琛见状立刻放好铃鼓和她一起跪坐在地毯上拍打大鼓。他俩一边听着背景音乐一边摆动身体拍打大鼓，大鼓"咚咚咚"的响声和他俩清亮的笑声吸引了同伴的目光。（图 6-6）

图 6-6　大家一起来敲鼓

分析：

琛琛对不同的打击乐器都很感兴趣，有着强烈的表现欲。他愿意独自尝试用击鼓的方式表现节奏，也接纳同伴的主动加入。这种合作能力已经超越了同年龄托班幼儿喜欢独自游戏的特点。在拍打小鼓时，琛琛不仅用手，更用整个身体来表现听到的旋律节奏,说明其对音乐节奏的敏感度很高,身体的动作协调性不错。

回应:

继续观察琛琛在小舞台中与材料的互动,看看琛琛还会出现哪些互动行为?

镜头二:听,不一样的声音

观察:

今天,琛琛从其它活动区给小舞台带来了一根纸棒,琛琛在小舞台地毯上扫视了一圈后选择了大鼓和小鼓。琛琛挥动小棒快速击打鼓面。当两个鼓面发出不同的"咚咚"声后,琛琛对我露齿一笑,似乎发现了什么,扭头又从边柜里拿出了铃鼓,放在大鼓和小鼓的中间,继续用纸棒用力击打。不同的鼓面发出不同的响声,琛琛听了开心极了,身体跟着自己敲击的节奏摆动起来。琛琛击打了很长时间后很满足地拿着小棒离开了。

分析:

托班幼儿的偶发动作触发了之后的精彩瞬间,琛琛没想到大鼓和小鼓会在纸棒的击打下发出不一样的"咚咚"声。这一发现不仅更新了他之前对鼓的认知,纸棒的使用也提升了他使用工具的能力。对声音的敏感和对打击乐器的兴趣促使琛琛寻找其它可以击打的乐器,如铃鼓,从而满足了他寻找不同声音的欲望。在击打三个鼓面时,幼儿的无意注意转为了有意注意,他会专注地倾听击打这些鼓面给他带来的听觉感受。

回应:

有意注意为琛琛主动辨识不同声音提供了基础,教师可以有意识地增加一些生活中的打击乐材料,如小碗、小勺、铁罐子、塑料盒等,丰富琛琛的感官感受,满足其对打击乐器的探索。富有创造力的琛琛快来试一试吧。(图6-7)

图6-7 生活中的打击乐材料

镜头三：铁盒子的游戏

观察：

玩具橱上的铁盒子吸引了琛琛的注意，他径直走过来，对着铁盒子一边用手大幅度地拍打一边点头。铁盒子在琛琛的拍打下发出"砰砰砰"的声音，有的声音比较沉，有的声音比较脆。琛琛的手随着音乐节奏愈发加快，动作变得杂乱起来，琛琛哈哈大笑，但是并没有停止的想法，而是拿起一个盒子坐在小椅子上继续拍打。放在腿上的铁盒子似乎发出了和先前不一样的声响，琛琛可兴奋了，又是跺脚又是点头，抱着盒子连续拍打了好多下。旁边的幼儿也被他的激情感染了，也拿起一个盒子学着一同拍打。孩子们和着音乐伴奏，轮流拍打好几个盒子，玩得是那么开心。

分析：

新材料激发了琛琛互动的兴趣，他逐个拍打每一个铁盒子，试图让它们每一个都能发出比之前更响亮的声音。这说明他已经意识到了此时拍打铁盒子会有不同的声音，他想听得更清楚一些。托班幼儿喜欢重复同一个动作，琛琛同样喜欢不停地拍打这些盒子来满足大动作发展需求。琛琛想把盒子放在腿上拍打，这些动作经验源自平日用小鼓时的动作。小舞台的背景音乐激起了琛琛用跺脚点头等多种身体动作表现，其身体协调性得到了很好的锻炼，对音乐的表现有了更多自己的方式。

回应：

教师继续增加不同材质和形状的可供击打的生活化材料，如不锈钢饭盒、蒸格、木棒、调羹等，并考虑用不同的方式放置这些材料，给予托班幼儿更多自主表现的空间，如尝试让幼儿自己选择喜欢的器具进行悬挂，增加新的感官和动作体验。（图6-8）

另外，教师将增加各种风格的背景音乐，如

图6-8 悬挂打击乐材料

节奏明快的、舒缓柔和的、诙谐有趣的音乐。希望托班幼儿在探索打击乐材料时能喜欢这些音乐,并有更多自己的创造性表现。

镜头四:这就是我的音乐!

观察:

琛琛看到墙上悬挂的材料,伸出手一个个拍打过去,嘴里低声念着"砰砰砰……"。当看到橱柜里的锅盖和蒸格时,琛琛取出并自己挂在小钩子上,仔细倾听手拍打它们时发出的声音。玩了一小会儿,琛琛又转而寻找别的乐器。琛琛发现了小棒,他先拿了一根小棒去击打墙上的锅盖、蒸格等,这次锅盖、蒸格发出了和之前不一样的声音,琛琛的脸上露出欣喜的神色。琛琛又拿起一根小棒,用两根小棒轮流击打蒸格。伴随背景音乐,他击打的速度越来越快,还跟着音乐双眼微闭、摇头晃脑。(图6-9)

图6-9 敲击出属于自己的音乐

分析:

从双手击打到单棒击打再到出现双棒轮流击打,我看到了琛琛乐于尝试、有自己想法的一面。琛琛专注地倾听击打每一种材料时发出的声音,说明他发现了不同的击打方式和击打材料带来的不同感官体验。琛琛对蒸格感到好奇正符合小年龄幼儿喜爱新鲜事物的特点。然而,单纯击打蒸格的动作已经不能满足托班幼儿的表现欲,节奏感强的音乐激发了他用双棒快速击打的兴趣,琛琛时快时慢,双眼微闭,沉浸在自己创造的节奏中。看到琛琛的尽情表现,我为他对声音的敏锐和对音乐强烈的自我表现欲感到高兴。

启示:

- **巧用生活材料,支持幼儿的音乐感知**

幼儿天生就是个音乐家,他们一听到音乐就会情不自禁地手舞足蹈,会发声的生活用品总能激发幼儿浓厚的敲打兴趣,因为生活用品是低龄幼儿常接触的最熟悉的物品,而这些物品所产生的不同声响对于幼儿来说是非常新奇的。因此,教师可以利用这一心理特点,将随手可得的生活用品设计成能支持幼儿感受音乐的环境材料。

- **基于观察调整材料,引发更多可能性**

对于 2—3 岁幼儿来说,他们对音乐的感知主要表现在对音乐节奏的初步感知和探索不同的声音。能发声的各种乐器和生活物品是提升乐感的有效载体。托班幼儿喜欢颜色鲜艳、好玩有趣的游戏材料,因此提供材料前,教师需要综合考虑材料的大小、颜色、材质、音色等因素,以及托班幼儿的生活经验和兴趣。支持幼儿从感知识别不同的声音到自己制造不同的声音和节奏。同时,根据幼儿行为表现调整材料及呈现方式,引发托班幼儿创造更多不一样的声音和节奏。

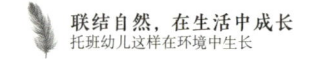

故事：色彩，原来来得如此简单
——运用光影激发幼儿艺术探索

故事时间：2019年10月

故事地点：托班活动室、户外

故事作者：中国福利会托儿所　程莉莉

故事背景：户外阳光灿烂，和光影做游戏，托班幼儿会有怎样的行为和天马行空的想象呢？

故事内容：

镜头一：影子游戏

观察：

阳光下乐乐、早早、小舒在一起游戏。早早走在乐乐后面，说："乐乐、乐乐，我踩到你了。"乐乐回头看看："没有啊。"继续大步向前走，早早紧跟着追过去继续试图去踩乐乐的影子。小舒听到了他们的对话，跟在早早身后，也试着踩早早的影子。三个人哈哈笑着，互相踩着影子玩。（图6-10）

图6-10　我们和影子做游戏

回到活动室，自由活动时，早早蹲在地上说："老师，你看，这是我的小手指。"说完还试着挥了挥手。原来是光线透过玻璃门照射进来，早早的小手指影子出现在地上。

跳跳也走了过来，蹲下，伸出自己的小手指模仿早早，两个幼儿都看到自己手指的投影。跳跳的小手指弯一弯、勾一勾，影子就随之变化着，她俩开心地蹲在地上玩着。我走过去说："哇，你们的小手指会跳舞！"这时，小年糕走到书架前去取书，黑黑的影子挡住了光线，早早立即说："小年糕，你快走开，你挡着我们了。"早早和跳跳变化着自己的小手影子，又愉快地玩了十来分钟。

分析：

在户外，几个幼儿偶然发现影子，玩起了踩影子的游戏；在室内，两个幼儿玩起了手指游戏，手指变换动作，影子就有了变化，在不经意的新发现、随意的小游戏中，幼儿建立起事物之间的因果关系，对周围环境的微小变化萌发出好奇。

回应：

日常生活中的光影很直观，活动室里有整扇的玻璃大门，朝南，阳光可以洒进半间屋子，温暖又明亮，木质门框的影子出现在地面上，看起来像大大的格子。这扇透光的大门是否可以利用起来？教师在玻璃上粘贴一些有孔洞的图案，在地上的光影处放了一些白纸，还放了一些蜡笔、颜料和拓印工具。观察阳光透过玻璃门呈现的影像是否会激发托班幼儿更多发现和表现的乐趣。

镜头二：光影涂鸦

观察：

跳跳平时表现得外向大胆，看到投射的蝴蝶轮廓，拿起刷子刷上了红色，里奥是跳跳的好朋友，他也一起来帮忙。

顾书悦是个安静、做事仔细的孩子，她只在深色影子的地方涂色。姜语涵用点画的方法，填满一个个洞洞轮廓。（图6-11）

图6-11 光影涂鸦

分析：

2—3岁幼儿喜欢涂鸦，可以利用光影创造出斑驳感的画面，引发托班幼儿想象、创造。教师所做的就是在材料上提供各种支持。每个托班幼儿对光影的感受和想象不同，同样涂鸦也就变得天马行空，各不相同了。

教师把经过设计的图案粘贴在玻璃上，让托班幼儿随时有机会观察、发现其中变化。

回应：

托班幼儿用七彩画笔涂色，怎样让影子变成彩色的？这或许会让幼儿觉得非常神奇。教师可以将纸张的中间部分剪去，粘上彩色玻璃纸，再将一个个打孔机压出来的小圆片粘在玻璃纸上，也可以让托班幼儿自己拼贴出他们喜欢的任意图案，然后将它贴在窗户上，当阳光照射过来，再来看看地面上的影子吧。（图6-12）

图6-12 自制光影材料

镜头三：彩色影子

观察：

地上的影子出现了，跳跳说："我看到了，洞洞到地上去了。"小舒随手转动，影子也随之变化，两个孩子认真地观察着。这时，天阴沉了下来，影子随之消失了。跳跳有些失望："怎么只有一点点呢？"教师说："那我们把它们贴到高处，继续等太阳吧，看看地上的洞洞还会出现吗？"洞洞纸被贴到了门的高处，跳跳很期待地对着门说："太阳、太阳，快出来！快出来！"

阳光透过彩色透明的物体会投下同样色彩的"影子"，这引起了幼儿的兴趣。教师用彩色透明纸剪出各种动物形状，在镂空图案上贴上了透明或彩色的塑料纸。

早早说："这是我压出来的花洞洞，真漂亮，我把它贴在小蝴蝶身上吧。"小舒仔细地把从打孔机里掉下来的小圆片粘贴在中间的彩色玻璃纸上。

张宁泰第一个发现投影的变化："我看到红色的是小猫咪，黄色的是小鸭子。你们快来看呀——"其他幼儿听到后主动地围了上来。（图6-13）

启示：

● **善于发现的眼睛，捕捉到托班幼儿生活中的教育信息**

图6-13　彩色影子

"艺术"这个词，乍一听好像离我们很远。可是如果你有一双会发现的眼睛，留意一下生活，就会发现艺术一直萦绕在我们周围。我国著名教育家陶行知说过："花草树木是活书，飞禽走兽是活书，山川湖海都是活书，活的问题、活的文化、活的变化都是活的知识宝库，都是活的书。"所以教师要有一双善于发现的眼睛，去发现幼儿的发现，捕捉他们感兴趣的事物、游戏和偶发事件中所蕴含的教育价值，通过与幼儿的互动及时支持他们的想法，给予他们进一步艺术探索和表现的机会。

● **关爱周围世界的心灵，支持托班幼儿的艺术探索**

幼儿对周围事物和现象有着与生俱来的好奇心和探索欲望，并以自己的方式与周围世界相互作用。为幼儿提供丰富的、适合幼儿水平和兴趣的玩具材料，是激发幼儿探索的前提。教师只有为幼儿提供能引起他们探索欲望的材料，才能在"光影""色彩"这些抽象的概念和幼儿的直觉思维之间架起桥梁，使幼儿兴致盎然地主动探索，并在探索的过程中丰富有关色彩的体验和经验，主动大胆地表现自己的所见所想。

教研案例：

以"器皿交响乐"为例，思考发声物的合理呈现方式
——以发声物为媒介，支持托班幼儿玩音乐的实践研究

中国福利会托儿所　许敏霞

虹口区婴幼儿早期教育指导中心　夏旻

一、选题动因

（一）现实背景与实际问题的简析

托班幼儿对音乐的感受主要表现为对音乐节奏的初步体验和肢体表现、探索不同的声音并制造声音。因此，在托班的环境创设中，发声物是必不可少的游戏材料。

发声物是指能发出声音的物品，因为托班幼儿正处于直觉行动思维阶段，探索行为离不开用感官、动作去建立对外部世界的认识，发声物能很好地支持托班幼儿对声音的探索。

利用托班幼儿熟悉的生活材料制作成发声物玩具，如，杯碗瓢盆、小石块等，更能引起他们的兴趣，激发他们的探索欲望。但实践中教师在投放此类发声物时，往往较随机，对材料提供的适宜性没有深入系统地思考，导致能力强的幼儿能渐进式玩音乐，而能力弱的幼儿往往只是随意摆弄，使发声物的投放失去了引发幼儿玩音乐的作用。因此，教师团队开始思考基于观察解读托班幼儿游戏行为，设计并提供能支持托班幼儿感受与表现音乐，即玩音乐的源于生活材料的发声物。

（二）教研活动主题的思考与确定

通过实践研究，教师们认识到合理运用发声物，能帮助幼儿更积极地投入到艺术活动中，丰富幼儿的音乐体验。本学期我园托班主题教研将视角更多地放在如何创设和调整能支持幼儿玩音乐的发声物材料和环境上。教研组聚焦运用生活材料制作的发声物，从幼儿的角度理解他们的游戏行为动因，让发声物真正回归到幼儿手中，赋予发声物音乐体验的作用，并凸显生活化、情趣化的特点。主题

教研共分三个阶段：

阶段1：调查现状，梳理目前托班幼儿常用的发声物材料，分析玩发声物材料对幼儿发展的价值和意义，编制《托班幼儿感受和表现音乐的行为观察表》。

阶段2：通过案例解读托班幼儿游戏行为，分析制作发声物的生活材料能否有效支持幼儿玩音乐。

阶段3：归纳发声物投放的动态调整方法，梳理提升经验。

二、预期目标

1. 梳理基于幼儿视角的生活材料发声物的设计和调整方法。

2. 积累2—3岁幼儿运用发声物玩音乐的游戏案例和材料反思调整方法，提升教师创设音乐化的游戏环境和解读低龄幼儿行为表现的能力，进一步丰富本园教研活动资源。

三、整体规划

参与本次主题教研活动策划、组织和实施的团队成员主要包括分管园长、保教主任、托班教研组长和托班全体教师，围绕本次主题教研活动的策划与实施等工作，托班教研组开展了一系列的相关活动。

表6-1 活动具体安排

序号	活动主题	时间
1	利用生活材料制作的发声物支持幼儿玩音乐的价值和意义	2019.3
2	制定《托班幼儿感受和表现音乐的行为观察表》	2019.4
3	以"不一样的声音瓶"为例，思考制作发声物的生活材料选择方法	2019.4
4	以"器皿交响乐"镜头三为例，讨论怎样对适宜制作发声物的生活材料进行改制	2019.5
5	以"器皿交响乐"为例，思考发声物的合理呈现方式	2019.5
6	以"烧饭饭的声音"为例，探讨发声物提供的时机	2019.6
7	收集用生活材料制作发声物的设计方案，分享交流优秀案例，梳理汇总支持托班幼儿玩音乐的发声物材料调整方法	2019.6

四、本次活动设计

（一）目标与内容

本案例介绍的主题教研活动是这一系列活动中的第五次活动。

表 6-2　第五次教研活动

活动主题	以"器皿交响乐"为例,思考发声物的合理呈现方式
活动目标	1. 通过案例"器皿交响乐",借助《托班幼儿感受和表现音乐的行为观察表》分析幼儿行为表现、发声物呈现方式的合理性,提升教师的观察辨识能力 2. 总结归纳教师呈现发声物的方法
活动时间	2019.5
设计团队	分管园长、保教主任、托班教研组长
参与对象	托班教研组长、托班组全体教师

(二) 活动准备

1. 资料准备

(1) 教研活动告示单

(2) "器皿交响乐"案例和照片、两段幼儿玩不同发声物的视频(发声物玩具"勺子组合"和"饭盒组合")

(3) 教研活动反馈表

(4)《托班幼儿感受和表现音乐的行为观察表》

(5) 托班活动室内投放各种生活材料：如餐具、铁罐子、木勺、石头、树叶、矿泉水瓶、纱巾等

2. 经验准备

解读"器皿交响乐"镜头四的案例和照片

3. 基本流程设计

(1) 导入

回顾前几次研讨中得出的发声物材料对支持幼儿音乐感受和表现的价值与意义,明确本次研讨的聚焦点：基于发声物材料的呈现方式,梳理、思考能够支持托班幼儿体验音乐并大胆表现音乐的一些具体方法。

呈现案例："器皿交响乐"镜头四(见第六章第125页)。引发问题：与镜头三相比,镜头四中的教师对发声物做出了怎样的调整? 除了提供新材料之外,呈现方式上有什么区别? 是否悬挂发声物都能起到很好的效果呢?

(2) 展示分析

① 比较悬挂式发声物"勺子组合"和"饭盒组合",教师投票并预测。

② 观看两段运用发声物进行游戏的视频并根据观察表共同分析讨论幼儿的不同行为表现。

③ 分析思考:对比教师的预测与幼儿的实际表现,思考自己在做出预测判断时的想法或分析幼儿行为表现背后的因素。

(3) 研讨反思

以教师在上一环节的分析中与呈现方式有关的内容为切入点,进一步深入思考与讨论。

① 思考:怎样的呈现方式,能够让发声物及时产生声音反馈,引起幼儿的继续探索与表现?怎样的呈现方式能更好地满足幼儿一起玩的需要?怎样的呈现方式可以避免产生噪音等问题?

② 总结归纳:紧扣发声物材料对幼儿音乐能力的价值与意义,归纳发声物呈现方式的设计原则。

(4) 脑力风暴

各班选择一种现阶段班级利用生活材料设计的发声物,反思其呈现方式的合理性,讨论其能否支持托班幼儿感受、表现音乐,并提出调整方法。

(5) 教研小结

(6) 延伸

收集一则托班运用发声物进行活动的案例,活动中教师调整呈现方式后能引发幼儿不同的感受和表现。

五、本次活动实施

(一) 导入

上次教研活动中我们明确了如何对生活材料进行改造,使其具有情趣性,引发幼儿玩音乐的兴趣。我们也走入各班,调查各班现阶段使用发声物的实际情况和幼儿感受与表现音乐的情况。今天我们结合案例和现阶段游戏视频,解读幼儿

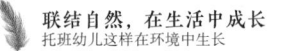

与材料之间的互动行为,分析生活材料呈现方式的合理性,更有效地支持幼儿探究不同的声音、感受表现音乐。

1. 解读案例:"器皿交响乐"镜头四

2. 引发问题:与镜头三相比,镜头四中的教师对发声物做出了怎样的调整?除了提供新材料之外,呈现方式上有什么区别?是否悬挂发声物都能起到很好的效果呢?

(二) 展示分析

1. 比较两种悬挂式发声物,明确不同的呈现方式对有效引发幼儿玩音乐的影响

(1) 班级教师介绍两种发声物的设计意图

(2) 投票并预测:幼儿会有怎样的行为表现并猜测哪个更适合幼儿感受和探索

(3) 观察两段游戏视频并记录幼儿行为表现

表6-3 幼儿感受和表现音乐的行为观察表

班级:　　　　记录者:

观察时间:　　　　观察内容:
观察地点:　　　　观察对象:

观察要点			
参与兴趣	感受表现	探索行为	动作发展
识别分析			
调整建议			

(4) 分析思考

对比教师的预测与幼儿的实际表现,思考自己在做出预测判断时的想法或分

析幼儿行为表现背后的原因。

分析内容一：根据观察表内容，阐述幼儿玩两种发声物材料时不同的行为表现。（教研视频片段一）

分析内容二：对比自己的预测与幼儿的实际表现，发表自己对幼儿行为表现背后原因的看法。

（三）研讨反思

以教师在上一环节的分析（与呈现方式有关的内容）为切入点，进一步深入思考与讨论。

1. 思考：

怎样的呈现方式，能够让发声物及时产生声音反馈，引起幼儿的探索兴趣？（教研视频片段二）

基于幼儿直觉行动思维的发展特点，怎样的呈现方式能更好地支持幼儿的持续探索？（教研视频片段三）

大家觉得怎样的呈现方式可以避免产生噪音等问题？（教研视频片段四）

2. 总结归纳：从发声物材料对幼儿感知与表现音乐的价值及意义出发，归纳发声物呈现方式的设计原则。

（四）脑力风暴

各班选择一种现阶段的班级利用生活材料制作的发声物，反思其呈现方式的合理性，讨论其能否支持托班幼儿感受表现音乐，并提出调整方法。

（五）教研小结

1. 通过案例我们达成了共识，发声物合理的呈现方式不仅是物质准备，也是给予幼儿进一步探索的催化剂，能更有效地激发托班幼儿对音乐的感受和表现，如感受节奏、对不一样的声音探索、进行情绪情感的表达等。

2. 利用生活材料制作的发声物呈现方式设计上应把握以下原则：

（1）发声物的呈现与设计，是为了让幼儿有听觉上的感受，也就是在敲击或自然探索情况下易发出声响，具有及时反馈的特点，以此促进幼儿玩声音的兴趣。

（2）发声物的呈现能够满足幼儿直觉行动思维的发展特点。让幼儿在过程中感受敲击发声的乐趣。

（3）发声物的呈现地点要预留幼儿一起玩的空间，方便不同幼儿之间互相模仿，有助于幼儿初步体验一起玩的乐趣。

（4）发声物的呈现要平衡好噪音和乐音的关系，同时按照材料的特点放置在适宜的空间（室内，户外）。

3. 各班级选择现有的利用生活材料制作的发声物，各组员分享交流呈现方式的合理性；并以主动学习的理念引导幼儿自我探索，保护幼儿玩的兴趣，让幼儿自己感知体验和表现音乐。

六、反思与分享

（一）证据呈现

参与者对本次教研活动的满意率为 100%，以下为部分参与者的评价：

1. 教研组基于教师在投放由生活材料制作的发声物中的实际问题，进行了专业、深入、系列化的园本教研。

2. 本次教研形式新颖，从视频欣赏出发，通过现场模拟幼儿游戏，激发教研参与者研讨的兴趣，拓展了教师对发声物呈现方式的认识，从而能够对教研有更深入的思考和对材料有更直接的感受。

3. 教研活动有序推进，体现了组织者对教研活动的有效策划。

4. 本次教研活动是教师在原有经验基础上展开的，教研目标明确，环节安排合理，让教师在观察记录表的引导下，有针对性地开展讨论和梳理，将个别经验进行汇总和提炼达成共识。

5. 教研内容的选取凸显了教师是教研活动的主体，本次教研解决的问题来源于教师在教学工作中的实际困惑，案例中的表现具有一定的针对性，这对提升教师观察幼儿游戏行为、反思自我教育行为有较大帮助。

（二）收获与共识

本次主题教研活动以"器皿交响乐"镜头四为例，基于发声物材料的呈现方式来思考能够支持托班幼儿感知体验音乐并大胆表现音乐的一些具体方法，从由生活材料制作发声物出发，聚焦教师对低龄幼儿的行为观察和分析，以发声物呈现方式的设计为切入点，对相似材料进行比较分析，帮助教师深入探究，层层推进利用生活材料制作发声物支持幼儿玩音乐的研究。

在教研内容的选择上，活动案例能够唤起参与教师的共鸣。具有普遍性和可借鉴性。在过程中能引发教师的反思：在发声物呈现方式上，自己忽略了哪些影响因素？怎样合理呈现发声物？怎样去观察解析幼儿和材料之间的互动行为从而辨识发声物呈现的合理性？

通过分析、思考、讨论，教师明确了发声物的定义，更有效地在实践中对生活材料进行理性选择，归纳了呈现方式的设计原则。

（三）问题与分析

本次活动预设目标已基本达成，但还有待思考和改进的细节。本次活动中对由生活材料制作的发声物举例还不够全面，需要教师持续研究，以丰富每一类发声物的内容。另外，对于利用生活材料制作的发声物的创意也需根据幼儿的兴趣和发展继续优化，教师们需要在实际操作中不断总结和梳理。

关于教研视频的选择。教研活动中分析的视频只是单个幼儿的片段，可以提供多名幼儿对同一种发声物的玩法互动，可能会使教师观察到的行为表现更具典型性和可比较性。

（四）完善与推进

根据已归纳发声物的呈现方式，通过文字和视频的方式记录和比较：同类呈现方式的发声物使幼儿的音乐感受和行为表现出现了哪些不同。更深入地探究发声物的不同呈现方式对幼儿感受音乐的影响，细化具体的合理呈现方式，供教师参考迁移，使发声物最大化地发挥音乐媒介的功能。

第七章

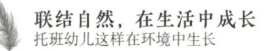

鼓励幼儿交流和运用语言

故事：读什么？不如读我们"自己"吧！
——遵循幼儿生活经验及语言发展规律创设环境

故事时间： 2018年9月—2019年6月

故事地点： 活动室

故事作者： 上海市宝山区区直机关幼儿园　苏艳、吴珏、黄静

故事背景：

2—3岁幼儿会阅读吗？答案是肯定的，而且可以拿来阅读的材料极其丰富，周围生活的环境、接触的人和事、成人提供的各类图片、幼儿生活情景的照片等都能成为幼儿说说讲讲的内容。适时适切、循序渐进地提供阅读材料既能帮助2—3岁幼儿更快适应集体生活，又能引发他们想说、愿说、会说。让幼儿读什么呢？不如"读一读"他们自己吧！（图7-1）

图7-1　室内阅读环境

故事内容：

镜头一："我的小家"充满安慰

时间：2018 年 9 月

2—3 岁幼儿的语言已经呈现出不同的发展水平，有的幼儿乐意开口，并尝试说一些简单的词语；但有的幼儿更喜欢用肢体动作表现自己的意愿。因此在托班的教室环境中可更多地考虑激发幼儿开口的意愿。

在教室的一角老师精心设置了"我的小家"区域，在这里有孩子们的照片，有孩子和爸爸妈妈的全家福，有舒服的小靠椅。

观察：

第一次：

用过点心后小菲哭哭啼啼地走进"我的小家"，随手拿起自己的全家福，自言自语道："妈妈，爸爸，小菲。"边说边拿着照片指认了起来，然后她把全家福抱在怀里，抽泣也变得平缓了。

第二次：

小菲笑眯眯地来到"我的小家"，找到自己的全家福，指着照片念叨："爸爸、妈妈、菲，爸爸、妈妈、菲。"

第三次：

辉辉和小菲一起呆在"我的小家"里，辉辉拿起自己的全家福，小菲说一句"这是爸爸"，辉辉便含糊不清地跟一句"这是爸爸"。

小菲指着妈妈，说一句"这是妈妈"，辉辉也含含糊糊地说一句"这是妈妈"。

然后两人笑作一团。

分析：

尚处在分离焦虑期的托班幼儿，看到他们最熟悉亲近的阅读材料——全家福，暂时停止了哭泣，看着爸爸妈妈的照片，不安的情绪得到抚慰，同时，他们会自言自语地指认爸爸和妈妈，这种表达非常自然。

自言自语是2—3岁幼儿语言发展的特点,在自言自语中,幼儿经历着反复练习,积累着通过语言表达获得的自信,在反复地尝试中变得更会说。

2—3岁幼儿的语言已经呈现出不同的发展情况,有的幼儿能用一句话介绍,比如"这是爸爸";大多数幼儿能用词语表达他所看到的阅读内容,如"爸爸";还有的幼儿会跟念、重复别人的话。这些全家福提供给幼儿在原有基础上发展的可能。

回应:

"我的小家"区域能满足幼儿舒适坐定的需求,投放的阅读材料将从幼儿熟悉的全家福逐步过渡到呈现生活情景的照片书。这样做可以让幼儿:从认识人物说一说"爸爸、妈妈"这样的词语,逐步发展到尝试用短句表述一些活动场景。

教师还可使用点读笔,提前录下"爸爸、妈妈"的话语,比如问候、呼唤等,幼儿可以通过点一点、听一听爸爸妈妈的话,从而引发其回应、对话。

投放的阅读材料从有关父母的内容逐渐变为幼儿的一日生活,材料所承载的信息更丰富。

镜头二:"我的图画书"记录成长

时间:2018年12月

随着时间慢慢推移,幼儿越来越熟悉幼儿园、老师和同伴。他们一起吃饭、睡觉、玩游戏,有了许多共同的记忆。因此,一本记录着幼儿生活点滴的"图画书"引起了他们的兴趣。每个幼儿都能在这其中找到自己,找到自己在幼儿园里活动的影像。

观察:

周周和小花来到"我的小家"区域里,拿起"我的图画书",翻到了一起吹泡泡的画面,于是她们聊了起来。

小花:"我们一起吹泡泡,我,菲菲,这是周老师。"

周周:"泡泡飞啊飞,飞到东,飞到西。"

说着两个人撅起小嘴做起了吹泡泡的样子,笑作一团。

两个好朋友又继续翻,翻到一张一起去海滩公园的照片。

小花:"这是黄老师,这是范老师,这是小朋友。"

周周:"秋天到了,小草变黄了。"(这是老师带着孩子一起说过的话)

小花:"秋天到了,小草变黄了,小树变黄了。"

周周:"哇,秋天真美啊!"

分析:

"我的图画书"里记载着幼儿在园的欢乐时光,托班幼儿在书里看到自己,看到自己经历过的游戏,交流讲述的意愿被充分激发,讲述的内容有的是照片上直观呈现的,有的是日常生活中幼儿和教师之间交流的话语,还有的是幼儿的生活经验。

伴随阅读机会的增加,幼儿的阅读经验更为丰富。幼儿会在陈列整齐的阅读物里翻找自己感兴趣内容,安静地读上几分钟。在阅读时,幼儿出现了指认的行为;他们尝试互相交流自己的发现;他们开始和更多的幼儿互相分享自己在区域中的发现。

回应:

继续投放与幼儿自身经验相关的照片书,可拓展内容。如,假期和爸爸妈妈外出游玩的照片书、比较五官异同的大头照等,从而引发同伴之间在观察比较过程中进一步熟悉,展开对话和交流,拓展丰富语言。

镜头三:"我的耳朵"新书上架

2019 年 4 月

区域里的一本"新书"起了幼儿的兴趣,教师把最近幼儿们在聊的"耳朵"制作成一册小书,供幼儿自由取阅。

观察:

这一天,三个男孩儿来到这里,选择了《我们的耳朵》这本读物。

小周:"是耳朵!是半圆形的耳朵!"说着他用手比划着半圆形。

小郭:"耳朵里有黑颜色的洞洞。"

小范补充说:"这个洞洞是听声音的。"

教师补充道:"这个能听到声音的洞洞叫耳洞!"

"耳洞""耳洞""耳洞",三个男孩纷纷重复。

教师继续问:"那我们的耳朵长在哪里?"

"长在脸上。""长在头发下面。"

说着他们互相摸着耳朵,笑成一团。(图7-2)

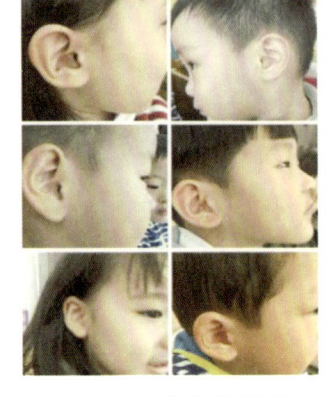

图7-2 《我们的耳朵》新书上架

分析:

在观察比较中读出不同。随着观察阅读能力的提升,2—3岁幼儿已能从《我们的耳朵》这册小书中,发现耳朵的形状、位置等特征。在阅读过程中,幼儿自然而然地使用语言表达自己的发现。

从阅读亲近的人到阅读自己的经历,发展到在观察中比对并讲述,幼儿的阅读能力和表达水平正持续地进步着。

启示:

2—3岁幼儿喜欢自由地躲在一角,拿起熟悉的材料反复翻看。自言自语是托班幼儿语言表述的重要特点,要让幼儿言之有物,就需要围绕他们感兴趣的或者是他们的经验习惯展开,如何适时地投放自制阅读材料呢?在以上故事中,我们得到启示:

- **关注经验,材料投放遵循由近及远**

以幼儿的经验圈为范围,投放阅读材料需要循序渐进、由近及远。如从幼儿最熟悉的爸爸妈妈、到熟悉的同伴老师、再到幼儿自己的在园生活照片。当托班幼儿看到自己熟悉的阅读素材时,自然产生了语言表达的意愿。

- **遵循规律,材料投放遵循从简单到丰富**

以幼儿语言发展规律为依据,投放的阅读材料从简单形象到丰富抽象,如以人物为主(幼儿自己、爸爸妈妈、同伴、教师)的照片书为阅读起点,慢慢增加幼儿游戏画面或需要观察细节的画面,这样的投放顺序能激发幼儿从字、词的简单表述到一句话的情景描述。

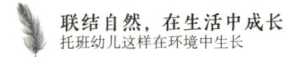

故事：我和大自然说说"悄悄话"

——利用自然环境引发幼儿主动表达

故事时间： 2018年9月—2019年6月

故事地点： 小花园、种植园

故事作者： 上海市宝山区区直机关幼儿园　苏艳、吴珏、施雅萍

故事背景：

2—3岁幼儿对大自然充满好奇，他们喜欢这里摸一摸、那里看一看。秋天来了，大自然的宝藏被孩子们一一发现，树叶、松果、树枝都成了他们的宝贝。自由活动时间里，找宝藏成了孩子们最爱的游戏，他们从滑梯下面、大树下找到了许多"宝贝"，把它们收集在一起。

故事内容：

镜头一：秋天的宝藏

2018年11月

观察：

四个孩子围在一起，他们正忙着收集不同的树叶、松果呢。边玩边传来了孩子们的声音。（图7-3）

"松果来啦！"

"树叶、树叶！"

"我也去找一片树叶。"

"黄黄的树叶。"

"哇，这么多树叶！"

"越来越多。"

"刺刺的松果。"

"哇，松果摸上去刺刺的。"

……

图7-3　孩子们的宝藏

分析：

宽阔的户外空间和自然的环境，让游戏中的幼儿身心放松。这引发了他们或独自或和同伴共同游戏，将自己的所见所想无拘无束地表达出来。对于物体颜色、形状的描述源于幼儿的直观感受，他们看到什么便能运用语言进行表述。在户外，他们获得了更多来自自然界的信息，更多和同伴互动的机会，于是出现了更丰富的词语、短句与对话。如"树叶、松果"等名词，"黄黄的树叶、刺刺的松果"等带有形容词的短句，"松果摸上去刺刺的"等完整的句子，和同伴的对话"我也去找一片树叶"等。

回应：

教师可提供更多机会让幼儿与大自然亲密接触，还可以创设一些有趣的游戏情景或小任务，让幼儿在感知、观察四季变化的同时丰富直接体验，自然产生与同伴、老师、大自然的对话。

镜头二：冬天的礼物

2018 年 12 月

观察：

在冬日的暖阳下，老师带着孩子们来到萝卜地里。（图 7-4）

可是种植园里只有绿绿的叶子，一根白萝卜也没有。

图 7-4 比一比谁的萝卜大

欢欢说："没有萝卜啊！"

玲玲说："我们的大萝卜呢？"

吴老师笑着说："孩子们，萝卜和我们在捉迷藏呢。我们需要做一件什么事情，才能看到藏在泥土下面的萝卜呢？"

"我们要拔萝卜，要拔！"

孩子们个个跃跃欲试，有的撸起了袖子，有的马上蹲下。吴老师给每个孩子发放了工具。

"你可以用小铲子来松松土,这样萝卜就更好拔。"

孩子们尝试了一阵,有了发现——"哇,白白的萝卜!"

"圆圆的萝卜!"

"大大的萝卜!"

"拔萝卜、拔萝卜,拔了一个大萝卜。"

分析:

自然真实的情境,更容易诱发幼儿的互动性语言。教师适时地抛出了问题:"我们需要做什么事情,才能看到藏在泥土下面的萝卜呢?"这为幼儿的主动探究、寻找答案提供了线索和动力,"比一比谁拔的萝卜更大""我的萝卜大大的"等语句的出现,都说明师幼间、同伴间的互动从数量到质量上都有了提升。

回应:

参与种植,幼儿了解了饭桌上的萝卜、蔬菜从哪里来,这些认知经验储备在幼儿的思维系统中,成为其语言发展的经验基础。因此,每天教师带着托班幼儿散步的同时,亦可看一看、聊一聊,充分利用自然环境中的任意一处变化。同时,对正处于语言模仿期的托班幼儿,教师适时地介入交流或用语言引导,并给予规整的句式示范,更有助于托班幼儿语言发展。

镜头三:春天在哪里

2019 年 3 月 19 日

观察:

午餐后吴老师带着孩子们一起去户外散步,阳光晒在身上暖洋洋的,大家唱着《春天在哪里》的歌去找春天。

孩子们边走边唱着:"春天在哪里?春天在哪里?"

吴老师指着油菜花说:"瞧,春天在黄颜色的小花儿里。"

孩子们跟着吴老师念起来:"春天在黄颜色的小花儿里。"

"春天在哪里？春天在哪里？"

吴老师又拿起绿叶子，说："瞧，春天在绿油油的叶子里。"

孩子们跟着吴老师念起来："春天在绿油油的叶子里。"

"春天在哪里？春天在哪里？小朋友，你们来说说看？"

欢欢指着泥土说："春天在黑黑的泥土里。"

……

午餐后的散步时间，孩子们有了第一首共同创作的小诗《春天在哪里》。

附：师幼自编儿歌《春天在哪里》

春天在黄颜色的小花儿里，春天在绿油油的叶子里，春天在黑黑的泥土里；

春天在头上的太阳里，春天在高高的菜里，春天在树上的花里；

春天在没有发芽的树枝上，春天就在我们的身边。

分析：

儿歌的学习是促进2—3岁幼儿语言发展的有效方法，在室内看着图片学习儿歌《春天在哪里》，幼儿习得了规整的、便于模仿的句式。教师带着幼儿走进真实情境，自然唤醒了他们的已有经验，将抽象的语词和具象的情境自然联系。看到黄色的花儿，幼儿会自然地表达"春天在黄黄的小花儿里"，看到绿绿的叶子，幼儿会讲述"春天在绿绿的叶子里"。教师的介入，将幼儿熟悉的句式与现实场景相联系，引发了幼儿的创编。这种创编是在幼儿们眼睛真实看到的前提下产生的，因此显得如此自然。

回应：

经历过秋、冬、春季的托班幼儿即将一起进入夏季，夏季的精彩不仅在于色彩，还有声音、味道、阳光，都有独特的魅力。带着托班幼儿感受这不可错过的自然风景，看看幼儿又会发现什么，分享什么。

镜头四：夏天的欢乐

2019 年 6 月

观察：

炎热的夏天，知了声声叫，户外的树荫下可能更凉快。做好防蚊准备，教师带着孩子们一起来到了绿油油的草坪。

这一边，轩轩和秦秦蹲在草地上，两只小手不停地抚摸着小草，边摸边说"小草、小草"。

教师问："小草是什么颜色的？"轩轩说："绿色的。"

教师："绿绿的小草。"轩轩和秦秦摸了摸小草说："绿绿的小草，你好！"

正在这时，几只小蚂蚁引起这两个男孩的注意。"一只小蚂蚁。"秦秦用手指着蚂蚁说，"有一只小蚂蚁。"轩轩说："蚂蚁，爬啊爬。"（图 7-5）

另一边，飞飞躺在软软的草地上。他看着天空说："蓝蓝的天，白白的云。"

静静跑来问他："飞飞，你看到了什么？"

图 7-5　孩子们在草地上尽情交流

飞飞说："我看到白白的云，白白的云像棉花糖。"

静静问："有多少云啊？"

飞飞开始数了起来："一片云，两片云，三片云……"

分析：

在此阶段，托班幼儿的词汇量大大增加，会说一些比较复杂的句子。沉浸在真实的情景中，让托班幼儿的感知通道更多元，感觉更丰富，这也促使他们的语言表达更复杂，表达内容更丰富。如形容云朵，他们会说"白白的云""一片片云""慢慢飘的云"。

启示：

- **大自然里蕴含着引发幼儿主动表达的多种可能性**

2—3岁幼儿已经能通过看、听、闻等多种方式感受周围环境。一年四季大自然里蕴藏着千变万化的现象，将其作为引发幼儿主动进行语言表达的环境最合适不过了。在幼儿园和家庭中，成人都应多提供机会带幼儿走入自然世界，如，春天带着幼儿在种植园里播撒种子，说说种子的样子，追踪观察破土而出的嫩芽，讲讲它们的颜色；夏天和幼儿一起听听蝉鸣、雷雨声，学一学不同的声音；秋天在桂花树下闻闻花香，尝尝新鲜收获的各种蔬菜瓜果，聊一聊味道；冬天和幼儿一起打雪仗，嬉笑交流。与大自然的每一次亲密接触都能引发幼儿的好奇心，激发他们的语言表达欲望，其表述内容也会日趋丰富。

- **成人的介入引导能增加幼儿语言表达和互动交流的机会**

优质的语言环境能充分刺激并调动幼儿的各种感官，使其能多途径地接受信息、表达想法。幼儿既需要在与人互动中练习语言，也需要在倾听模仿中习得语言。教师字正腔圆的发音，抑扬顿挫的讲述，优美语词的运用，完整流畅的表达，都为幼儿提供了正确、优质的语言示范。当然，语言发展的差异除了来自于生理原因，还来自于家庭背景的不同。因此，还需要家园携手给予幼儿相对规范统一的语言环境。

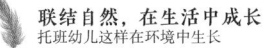

教研案例：

以"青青草地"为例，观察教师如何支持幼儿语言发展
——利用自然环境个性化支持托班幼儿语言发展

上海市宝山区区直机关幼儿园　苏艳　托班教研组

一、选题动因

(一) 现实背景与实际问题的简析

新《纲要》指出：发展幼儿语言的关键是创设一个让其想说、敢说、喜欢说、有机会说的环境。自然界充满变化，即便是同一棵树、同一株花在一年中都会呈现不同的形态，这其中充满了色彩、温度、形态的改变，2—3岁幼儿能通过看、听、闻等方式感受周围环境的不同。如鸟叫、雨声、气温等容易成为幼儿谈论的话题，在成人的适时引导下幼儿会呈现出自然表达的状态，因此利用户外真实的自然环境刺激幼儿各种感官，从而引发其自然表达成了本教研组研讨的主题。

(二) 教研活动主题的思考与确定

2—3岁幼儿在语言方面的发展个体差异较大，有的幼儿不愿意开口而更愿意用肢体表达自己；有的幼儿语音发音不正确；有的幼儿语言表达多为字、词的组合，还不能成句；还有的幼儿已经能讲述一个较完整的句子。正是由于幼儿语言发展具有较大差异的特点，更需要教师在观察的基础上给予其有针对性的互动。本学期的教研活动旨在梳理形成在自然环境中通过师幼互动个性化支持幼儿语言发展的方法，供教师参考和借鉴。

围绕"利用自然环境个性化支持托班幼儿语言发展"的教研共经历以下三个阶段：

阶段1：理解托班幼儿语言发展的一般规律及自然环境对托班幼儿语言发展的价值。

阶段2：有效利用自然环境，基于观察通过有效的师幼互动提升幼儿语言发展。

阶段3：梳理形成有效利用自然环境的策略，形成有助于幼儿语言发展的个性化互动方法。

二、预期目标

1. 学习掌握托班幼儿语言发展的特点和一般规律，观察并分析不同自然环境中幼儿的语言发展情况，提高有助于幼儿语言发展的环境创设和利用能力。

2. 改进并优化教师对处于不同语言发展阶段幼儿的支持互动方法，积累研究案例。

三、整体规划

参与主题教研活动策划、组织和实施的团队成员主要包括园长和托班教研组，围绕本次主题教研活动的策划与实施，本团队将在本学期教研活动中规划以下活动内容。

表7-1 教研活动计划

序号	活动内容与要点	活动层级	时间
1	文献学习与研讨：托班幼儿语言发展特点和一般规律，影响幼儿语言发展的因素	园级教研	2019.2
2	借助观察表，用实证说明幼儿在自然环境中的语言运用(1) 依据"活动视频和照片"，观察分析幼儿与自然环境的互动表现，归纳园内哪些自然环境易引起幼儿注意并愿意开口(乐意表达)	园级教研	2019.3
3	借助观察表，用实证说明幼儿在自然环境中的语言运用(2) ① 分析判断幼儿与自然环境互动时呈现的语言发展特点 ② 进一步筛选适宜的自然环境(能引发幼儿乐意表达)，并提炼适宜的自然环境所具有的要素	园级教研	2019.3
4	以案例"白云飘飘"为例，看教师如何利用自然环境让幼儿从"爱看"变为"愿说"	园级教研	2019.4
5	以案例"春天来了"为例，看教师如何利用自然环境让儿歌学习从"教"转为"引"	园级教研	2019.4
6	以案例"雨中散步"为例，看教师如何利用自然环境让幼儿从"愿说"到"多说"	园级教研	2019.5
7	以案例"青青草地"为例，观察教师如何支持幼儿语言发展，梳理有助于幼儿语言发展的个性化互动方法	园级教研	2019.6
8	成长故事汇： (1) 分享自然环境下师幼互动支持托班幼儿语言发展的故事 (2) 学期经验总结 ① 调整优化有助于托班幼儿语言发展的自然环境要素 ② 梳理有助于幼儿语言发展的个性化师幼互动方法	园级教研	2019.6

四、本次活动设计

(一) 目标与内容

表 7-2 活动设计

活动主题	以"青青草地"为例,观察教师如何支持幼儿语言发展			
活动目标	1. 在解析案例"青青草地"的过程中,分析捕捉不同托班幼儿语言发展特点及相对应的教师支持策略 2. 梳理形成有助于幼儿语言发展的个性化互动方法			
活动时间	2019.5	活动地点	户外草地	学段/学科	学前教育
设计团队	幼儿园园长、托班教研组			
参与对象	托班教研组全体教师			

(二) 活动准备

1. 资料准备

(1) 教研活动预告单:教研活动设计方案

(2) 研讨用资料:《托班幼儿语言发展观察要点》

(3) 研讨用材料:摄像机、多媒体播放设备

(4) 研讨用工具:《托班幼儿语言发展观察记录表》《师幼互动调整单》

表 7-3 托班幼儿语言发展观察记录表

观察日期：　　　　观察对象：　　　　活动区域：　　　　观察者：
观察方法：1 定点观察　2 扫描观察　3 流动观察　4 追踪观察　5 介入观察

事件记录:(详细记录引发幼儿语言表达的环境场景、实录幼儿与教师的互动语言)				
对幼儿语言发展的观察维度			对教师支持作用的观察评价	
语音发展情况 (发音吐字)	语句发展情况 (词、句使用)	互动能力发展情况 (倾听对话)	教师语言互动行为	教师语言互动效果

表7-4 师幼互动调整单

互动人数： 建议调整者：

对话场景：	
前序对话：	
原互动：	建议调整（预设幼儿回应）：
调整原因：	

2. 经验准备

在本学期的教研活动中，教研组成员们借助《托班幼儿语言发展观察记录表》对师幼互动过程进行实录分析，结合2—3岁幼儿语言发展特点，我们更明确了托班幼儿语言发展受周边环境、材料、教师的回应等因素影响，同时也清楚地认识到托班幼儿的语言发展有很大的个体差异，需要成人给予个性化回应，给予每一个幼儿在其语言最近发展区的助推。

3. 流程设计准备

（1）教研导入

回顾梳理前6次教研经验，如户外自然环境对幼儿语言发展具有助推作用，并引出本次教研主题聚焦于在师幼互动中个性化支持幼儿语言发展。

（2）现场观察

托班10分钟户外草地游戏。

（3）问题研讨

问题一：在10分钟里你跟踪观察了几名幼儿？他们的语言发展各自具有什么特点？

问题二：活动中幼儿对户外的哪些材料或事物产生了兴趣？他们是否因此产生语言互动？

问题三：聚焦一组幼儿与教师，你觉得这样的师幼互动是否有利于幼儿语言发展？

问题四：有助于幼儿语言发展的个性化互动方法有哪些？

(4) 教研小结

梳理小结，达成共识。

五、本次活动实施

(一) 导入

经过多次教研与梳理，我们发现丰富多变的户外自然环境能引发托班幼儿的观察与交流兴趣，在与教师、同伴积极的互动中，托班幼儿循着"爱看""愿说""多说"的路径发展语言。与此同时，在进行观察分析的过程中，教研组教师们越发感受到幼儿语言发展的个体差异很大，有的幼儿能绘声绘色地就自己感兴趣或了解的事情说上有关联的两、三句话，有的幼儿已经能在聆听他人的基础上和成人、同伴展开对话，而有的幼儿则仍然停留在"从句到词"的发展过程。作为老师，我们如何针对幼儿语言的发展情况因人而异地提供个性化语言支持策略呢？今天我们就来观察十分钟户外草地自主游戏，观察记录幼儿的游戏行为和语言，并聚焦师幼互动，分析教师如何通过互动个性化支持幼儿语言的发展。(教研活动导入)

教研活动导入

(二) 现场观察

托班幼儿十分钟户外草地游戏：教师手持《托班幼儿语言发展观察记录表》，对一名(或一组)幼儿及教师进行定点观察，详细记录其互动语言。

(三) 问题研讨

视频回看，围绕问题展开研讨。

1. 案例"青青草地"里的女孩依依，她的语言发展有什么特点？

教师 A：在语音发展上，依依能正确咬准大多数字词发音，个别词仍旧有些咬字不清晰，特别是说到"是""飞机"等词汇时，有时还会出现让人听不懂的句子。

青青草地

教师 B：在词句表达上，依依有时已经能用比较完整的话来表述，比如她会说

"小花是绿色的""我看到这个树叶了"。

教师C：在互动上，依依能听懂老师讲的在其认知范围内的话，并给予积极的语言和行为上的回应。我觉得依依的互动能力还是比较强的。

小结：依依在语言发展上处于同龄幼儿中上水平，她已经能较为清晰地表达自己，且能与同伴和成人积极展开互动，但在词汇的使用和个别字词发音上需进一步示范指导。

2. 活动视频中幼儿对户外的哪些材料或事物产生兴趣？你观察到了什么？

教师A：我观察到视频中依依对小草产生了浓厚的兴趣，前前后后有两分钟之久，她会蹲下来摸摸小草，还会和老师就小草这个话题展开四轮的互动。依依和老师主要的话题有："小花的颜色""长树叶的小草""摸摸小草""小树叶飞起来啦"。

教师B：我观察到依依对小草的兴趣并不是连续的，而是片段式的。在观察小草的两分钟里，她离开草地两次，这是由于托班幼儿注意力易分散。但她每次又兴致勃勃地回到草地上，说明她真的对小草很感兴趣。

教师C：虽然来回进入草地两次，但每次依依都对小草不同的特点产生兴趣，如小草的颜色、样子，在与老师的对话中，依依不仅出现相关的语言，还出现了与之有关的动作。（教研现场片段一）

教研现场片段一

3. 聚焦依依和教师的四轮对话，你觉得教师的互动是否有利于依依的语言发展？

视频回看，聚焦幼儿与教师的四轮互动，完善补充《托班幼儿语言发展观察记录表》，并根据教师自身经验判断师幼互动是否有效，填写《师幼互动调整单》，展开教师语言指导调整的话题讨论。（教研现场片段二）

教研现场片段二

表7-5 托班幼儿语言发展观察记录表

观察日期：2019.6　观察对象：依依　活动区域：草地　观察者：C教师
观察方法：1√定点观察　2扫描观察　3流动观察　4追踪观察　5介入观察

事件记录：（详细记录引发幼儿语言表达的环境场景、实录幼儿与教师的互动语言）
场景：依依与教师共同观察并以"小草"为话题展开四轮对话。
第一轮对话：依依看到草地中的小花，蹲下，并手摸小花。

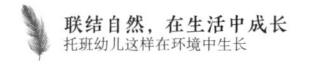

(续表7-5)

依依：这里有小花？
教师：小花啊，小花是什么颜色的呀？
依依：小花xì、xì(是)绿色的。

第二轮对话：依依转了一圈，又回到草地，手指着草地里的一片树叶。
教师：依依，你看到了什么？
依依：我看到了这个树叶了。
教师：草地里为什么会长出树叶呢？
依依：长出树叶都××啦。(××处没听懂)
(依依转身走开)

第三轮对话：教师呼唤依依，依依回到草地。
教师：依依，你来看看(教师用手摸摸小草)。
依依：可以摸一摸。
教师：小草是什么形状的？尖尖的……
依依：xì、xì(是、是)……
(依依转身走进小屋子)

第四轮对话：依依从小屋子里走出来，蹲在草地上。
依依：哎呀，××××(听不清)飞起来了，飞起来了。
(依依起身，拿起一片树叶，轻轻扔出去)
依依：咻！
教师：飞起来了，飞起来了是不是？
教师：小树叶很轻，所以它飞起来了是不是？
依依：飞起来啦，咻！(做"飞"的动作)
教师：小树叶飞起来了，依依你好棒！
依依：我再飞一个，咻！飞起来了。
教师：飞起来了，像小飞机一样，对不对？
依依：像飞机一样。(这句发音不准确)
(依依起身，自言自语说了一句听不懂的话)

对幼儿语言发展的观察评价			对教师支持作用的观察评价	
语音发展表现行为（发音准确）	语句发展表现行为（词、句使用）	互动能力表现行为（倾听对话）	教师语言指导行为	教师语言指导效果
个别字词需纠正，部分语句听不懂，需跟进询问意思	有时能说完整语句	能在听懂对方话的前提下，积极互动	适时等待积极互动	第一、四轮对话有效第二、三轮有待调整

提问：你觉得教师的互动是否有利于依依的语言发展？

教师A：我觉得第一轮、第四轮对话非常有效。

第一轮对话中，教师以完整句式"小花是什么颜色的"提问，依依回答"小花是黄色的"。显然，教师给予了幼儿一个完整句式的提问，依依也遵循着这个句式，给出了一句完整句式的回答。

在第四轮对话中,教师将依依较为随意的行为"拿起地上的树叶,扔树叶,树叶飞起来"与开飞机联系在一起,这持续引发了依依的表达欲望,此时她的语言也更丰富了。

依依:"飞起来啦,咻!""我再飞一个,咻!"

在这一组对话中,依依不仅语言丰富了,而且表情生动,还伴有肢体语言。在开飞机的情景下,依依的互动兴趣得到延续,丰富的语言也随之出现。

教师 B:第二轮的互动并不有效,我觉得与托班幼儿的互动更需要遵循他们的情感和经验。

教师:草地里为什么会长出树叶呢?

依依:长出树叶都××啦。(××处没听懂)

这是一组"牛头不对马嘴"的互动,互动无效的主要原因就是针对老师此时的提问"草地里为什么会长出树叶?"依依不知道怎样回答。她一时还没办法把"树叶不是草地上长出来的,是掉落在草地上的"这一事实清晰地陈述出来,非常明显,这个事实超出了她的认知范围,但依依又有互动的意愿,所以她含糊其辞,最终对话失败,依依离开草地。

我建议:教师与托班幼儿的互动不能脱离情感,用带有情感色彩的互动更合适,我们可以就幼儿当下的兴趣,问问她们"你喜欢小树叶吗?",引导其拿起树叶摸一摸、闻一闻,从而引发其多感官体验。也可以利用一些已有儿歌,将对话内容编到儿歌里,幼儿可在聆听的前提下自然吟诵儿歌。

表7-6 师幼互动调整单

互动人数:2人　　　　　　　　　　　　　　　　建议调整者:B老师

对话场景——依依看到草地上有一片树叶 前序对话——教师:"依依,你看到了什么?" 依依:"我看到了这个树叶了。"	
原互动 教师:草地里为什么会长出树叶呢? 幼儿:长出树叶都××啦!	建议调整 教师:依依你喜欢小树叶吗?把小树叶拿起来,闻闻看,是什么味道呀?小树叶从哪里来的呀?小树叶沙沙沙,沙沙沙,好像勇敢地在说话……

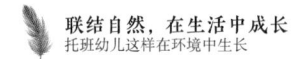

(续表 7-6)

调整原因：将语言互动和幼儿的情感、兴趣建立更密切的联系。结合当下情境了解幼儿想法，做出更符合幼儿理解的互动回应；适当向幼儿呈现与交流主题相关的儿歌，幼儿聆听欣赏。

教师 C：针对第三轮互动我也有些建议。

依依：长出树叶都××啦。(××处没听懂)

依依出现以上这句我们都没听懂的话。经分析，我觉得自言自语或者含糊其辞是托班幼儿语言发展的特点，此时我们可以适当追问依依这句话的意思，并用正确的发音、句式重复一遍。教师提供给依依正确的、完整的句式，便于依依模仿学习。(表 7-7)

表 7-7 师幼互动调整单

互动人数：2 人　　　　　　　　　　　　　　　　　　建议调整者：C 老师

对话场景——依依看到草地上有一片树叶 前序对话——教师："依依，你看到了什么？" 依依："我看到了这个树叶了。"	
原互动 教师：草地里为什么会长出树叶呢？ 幼儿：长出树叶都××啦！	建议调整 教师：什么是树叶××啦？依依你说得慢一些。 在询问清楚意思后，教师完整地表述一次，提供给依依学习模仿的模板。
调整原因：理解幼儿表达内容，提供给幼儿可重复模仿学习的完整句式。	

教师 D：我觉得第三轮互动不太有效，面对托班幼儿，教师需要调整学习的目的性、认知性。

教师：小草是什么形状的？

依依：xì、xì(是、是)……(依依转身走进小屋子)

调整 1：第三轮对话中，教师让依依摸一摸小草，这一举动拉回了依依对小草的兴趣，可正当依依被逐渐唤醒表达与互动兴趣时，教师询问依依"小草是什么形状的？"。

"形状"是个抽象的概念，托班幼儿用自己的感官感知身边的各类事物，他们的表达源于他们真实看到、感受到的世界。因此在与托班幼儿交流时，教师需尽量去除一些认知性比较强的提问,比如询问幼儿数量、形状等。建议可以拟人化地引发一些与小草的互动,如打个招呼等。

调整2:"是"这个字,依依多次发音错误,经分析,原因是依依没有把舌头卷起。

当幼儿多次出现同一字、词的发音错误,教师应在分析的基础上予以纠正,如提醒幼儿仔细倾听正确发音,观察教师口型、舌头卷翘程度等,但这些互动都应自然进行,切不可有过多教学痕迹。(表7-8)

表7-8 师幼互动调整单

互动人数:2人　　　　　　　　　　　　　　　　　建议调整者:D老师

对话场景——教师招呼依依回到草地 前序对话——教师:"依依,你来看看。"(老师用手摸一摸小草)　依依:"可以摸一摸(依依)。"	
原互动: 教师:小草是什么形状的? 依依:xì、xì(是、是)……	建议调整:对依依发音不准确的字,如"xì",给予及时纠正 如:依依摸一摸小草,和小草打个招呼。小草亲亲依依(用小草触碰一下幼儿),是什么感觉?
调整原因:用拟人化的方法增添互动乐趣,让语言交流建立在情境中;纠正幼儿错误发音。	

4. 针对依依这类乐于且善于对话的幼儿,怎样的互动方法有助于其语言发展呢?

教师A:依依是个性格极其活泼的女孩,所以在互动过程中,可创设一些情景游戏。如案例中教师把飞起来的树叶比喻成坐飞机,这一下子引发了依依持续的兴趣,她不仅从动作上、行为上都表现出持续参与,语言表达的欲望也非常强烈。

教师B:在与幼儿互动时,我们可先诱发幼儿多感官的体验,再让幼儿用语言表达感受。比如感受小草是尖尖的,我们可以让幼儿用手"摸一摸、闻一闻、亲一亲小草",让语言对话建立在愉悦的情感上。

教师C:对于依依一些模糊的表达,我们可以进行追问并给予正确的示范,让她说得更清楚。

教研小结

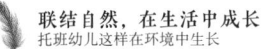

（四）教研小结

经验策略：有助于幼儿语言发展的个性化互动方法。

1. 对于善于联想且能链接已有经验，能与成人及同伴形成丰富对话的幼儿（文文）

方法（1）：经验链接法。链接幼儿已有经验，在回忆的基础上引发其讲述经历，达成互动。

方法（2）：分享讲述法。给予幼儿分享讲述自己经验与发现的机会和平台，让他能有机会讲述有逻辑的一段话。

2. 对于有较强对话意愿，有完整句式出现，但内容以当下感知为主的幼儿（依依）

方法（1）：多感官体验法。教师从听觉、味觉、触觉等多方面给予幼儿体验，从而诱发其表达。

方法（2）：情景游戏法。教师可适当创设任务、情境，激发幼儿在任务中产生互动交流，使语言发挥交流工具的作用。

方法（3）：追问示范法。如幼儿在对话过程中出现模糊的话语，教师应在追问清楚原因的基础上，在自然互动中给予纠正示范，需循序渐进，不宜刻意。

3. 对于喜欢"自说自话"，语音和表达内容还不准确的幼儿（闹闹）

方法（1）：陪伴等待法。以玩伴的角色陪伴在幼儿身边，等待其出现语言发展的契机。

方法（2）：夸张表达法。对于一些幼儿还未掌握的字、词，教师可以用语言配合夸张的动作表现诱发其在观察、聆听的基础上进行语言学习。

方法（3）：伴随生活日常匹配儿歌法。教师用朗朗上口的儿歌帮助幼儿进行语言经验的积累，并结合一日生活，引发其在生活中自然表达。

六、反思与分享

（一）证据呈现

参考教研活动评价要点对教研活动成效进行小结。

表7-9 教研活动评价要点

评 价 要 点
教研话题：话题切入口小，且能符合主题教研的走向
教研目标：教研目标明确，通过研讨给予教师实质性解决问题的方法
教研过程：在循证的基础上开展研讨、优化，使过程不断清晰，体现教师层层推进的感悟
教研互动： 1. 教师研讨热烈，参与度高。既有针对同一视频展开的头脑风暴，又有基于同一问题意见不同的辩论 2. 教研组长在进行问题导入和小结时能把握节奏，在进行梳理小结时，能根据现场研讨情况梳理有价值的、共同认同的经验
教研效果：教研组成员在认同教师需给托班幼儿个性化语言指导的基础上，形成一定师幼互动经验，有效推进组员们对此话题的经验和认识

（二）收获与共识

教师 A（见习期教师）：多人参与的研讨让我有机会通过视频观察到同一时间内的不同幼儿，他们每一个都如此生动。这再次提醒我们关注每一个幼儿的发展，切不可通过简单的一句话或一个动作判断幼儿的行为。

教师 B（职初教师）：在本次教研中，借助观察表我已经能较为完整地记录师幼互动过程中的完整语言，对处于不同语言发展阶段的幼儿，我也能与之积极互动，自己的薄弱之处在于如何给予不同幼儿个性化语言发展支持。在教研中，我学习了一些方法，并会在以后的带班过程中加以运用。

教师 C（经验型教师）：在今天研讨中，有一个话题引发了我的思考，即如何"纠正幼儿发音"，我原先的做法更倾向于刻意而为之，当幼儿一有发音错误，我会规范地引导其观察我的嘴型和发音。在研讨中，小伙伴提醒我，这样做会打断幼儿交流的兴趣，让"自然的语言交流"转变为"刻板的语言学习"，这个观点给了我很大的思维冲击。

语言是交流的工具，是人类思维的外显，和语言质量相比，我们更需要用心呵护幼儿的交流意愿，因此在以后与幼儿互动的过程中，我会尝试做到"语音纠正"不留痕迹。

教师 D（骨干教师）：给予每个幼儿适其发展的支持，建立在观察分析的基础上,作为一名骨干教师,我可以在整理幼儿成长档案视频的过程中,梳理总结一些个性化支持方法和策略,形成更多的经验收获。

(三) 后期调整

1. 通过后续实践,验证方法的有效性。教研组成员将运用个性化支持幼儿语言发展的方法,验证研讨小结的有效性,并不断完善。

2. 对于今天研讨中提及的三名幼儿,建议进行后续跟踪观察,一方面有助于教师了解幼儿语言发展的规律趋势,另一方面也有助于继续梳理形成有效互动方法。